신화와 민담과 성경으로 읽는

현대인의 우상
중독

김덕희 지음

카드 한 묶음은 악마의 기도가 적힌 책이다.

- 독일 속담 -

노름에 미치면 처도 팔아먹는다.

- 한국 속담 -

신화와 민담과 성경으로 읽는

현대인의 우상
중독

초판 1쇄 2022년 7월 21일

지은이   김덕희
펴낸이   최지윤
펴낸곳   시커뮤니케이션
등록   제 2022-000009 호
팩스   0303)3443-7211
홈페이지   www.seenstory.co.kr
페이스북   https://www.facebook.com/seeseesay
이메일   seenstory@naver.com

서점관리   하늘유통
찍은곳   유진보라

© 김덕희, 2022

ISBN 979-11-88579-99-0 (03190)

신화와 민담과 성경으로 읽는

현대인의 우상 중독

김덕희 지음

시커뮤니케이션

서문

내 이야기를, 그것도 지극히 수치스럽고 지난한 과거 이야기를 세상에 내놓는 것은 쉽지 않다.

하지만 어쩌겠는가. 이것이 내가 평생 알려야할 이야기인 것을.

주식으로 갑부가 되었다가, 주식으로 빚더미에 앉았고,

주식 중독이 되어 가족에게 버림받아 노숙자가 되고,

중독자 쉼터에서 살면서 따돌림이나 당하다가

폐쇄정신병동에 강제 감금되고,

자살을 일곱 번이나 시도하였다.

그러다가 겨우 중독을 끊고, 직업을 찾고,

어쩌다 대박이 나서 빚도 갚고,

집도 다시 사고, 교육 기업도 설립하였다.

이 지난한 과정을 거치는 동안 재기를 위해 노력하면서도 중독에 관한 연구를 지속하고, 중독자들을 상담했다. 물론, 본인이 몸소 겪은 중독 증상과, 쉼터 시절 한데 어우러져 살던 중독자들에 관한 경험도 상당히 참고하였다.

이제 나의 고민은 어떻게 하면 중독의 위험을 알릴까 하는 것이다. 현대인은 누구나 중독의 위험에 노출되어 있다는 사실과, 아주 합법적이면서 일상적인 중독의 위험을 말이다.

이것을 어떻게 전할까 고민하다가 생각한 것이 '성경과 신화 속 중독 이야기'이다.

신화와 경전 속에는 인류의 정신적 자산이 들어있다. 그 속에는 인간이 빠지기 쉬운 유혹이 적나라하게 들어있다. 중독에 관해서도 그렇다. 고대에 중독이라는 용어가 없었거나, 혹은 그게 질병이라는 인식이 없었다고 해도, 아마도 고대인들은 중독의 위험성을 아주 잘 알고 있었던 듯이 보인다. 그리고 경전 속에서 고대의 신들이 얼마나 인간의 중독을 꿰뚫어 보고 있었으며, 또한 현대인의 중독 심리는 고대 경전에서 경고한 그것과 얼마나 유사한가를 살펴보면 소름이 끼칠 정도다.

나는 고대인들의 지혜를 조금씩 캐내고, 중독에 관한 현대의 지식을 조금씩 섞어 넣어 독자들과 공유하고자 한다.

이 책에서 다루는 내용은 중독의 위험성과, 중독에 빠지기 쉬운 사람들과, 중독에 빠지는 이유와 예방책, 그리고 이미 중독이 된 사람들이 어떻게 그것에서 빠져나올 수 있는가 등이다.

어렵거나 현학적인 이야기는 될수록 뺐으며, 가급적 신화나 경전을 통해 쉽고 재미있게 이야기하려고 노력하였다.

바닥을 친다는 것은 참으로 고통스럽다.

한편 바닥을 친다는 것은 더 이상 내려갈 곳이 없는 뜻이다.

하지만 의외로 바닥이 희망이 될 수 있다.

바닥을 친 사람만이 느낄 수 있는

희망과 극한 행복과 그 비결을 나는 알리고 싶다.

이 책을 통해

어떤 누군가의 삶에 아름다운 등불이 켜지길 기대하며

2022년 6월 15일 저자 김덕희

뒤러, 기사 죽음 그리고 악마, 동판화, 191x248mm, 1513

목차

1장

현대인

오징어 게임을 보면서 생각했다.

등장인물 대부분이 중독자들이라고.

그들은 전형적인 중독자의 행동양식을 보여주었다.

그런데 참 이상하다.

이 지독한 중독자들의 이야기가 선 세계적으로 히트를 쳤다.

많은 사람들이 공감하고 열광을 했다.

그래, 맞다.

현대인들은 그럴 수밖에 없다.

현대인들은 크건 작건 중독에 빠진 사람들이니까.

주식 갑부,
노숙자가 되다

　나르키소스는 오만한 미소년이었다. 아름다운 소녀들과 님프들이 그를 연모하여 사랑을 고백하였지만, 항상 차가운 대답을 들을 뿐이었다. 그는 냉소적이면서도 인정사정이 없었고, 그를 사랑한 님프들은 비탄에 빠졌다.

　어느 날 나르키소스는 연못을 들여다보았다. 물에 비친 것은 그야말로 놀라울 정도로 아름다운 피조물이었다. 나르키소스는 그가 물의 님프라고 생각했고, 그 자리에서 반해버렸다.

　하지만, 물에 비친 것은 자신의 모습이었다. 그는 자신의 모습에 반해버린 것이다. 이 기괴한 일은 여신의 저주 때문이었다. 자신의 아름다움 때문에 교만해진 그를 벌주기 위한 여신의 흉계였다. 아마도 그가 자기

애 때문에 고통받아야 한다고 여신은 생각했었나보다. 그에게 반했던 님프들이 고통받았던 것처럼 말이다.

나르키소스는 자존심도 버리고 애정을 구걸하였다. 하지만 물속에 사는 님프는 나르키소스가 아무리 말을 걸어도 대답하지 않았으며, 연못 속으로 손을 내밀면 갑자기 저 멀리 도망갈 뿐이었다.

나르키소스는 그를 연모하여 병에 걸렸다. 그는 님프에게 그야말로 '중독' 되어버렸다. 그는 자신의 생명이 꺼져가는 것을 느끼면서도 그 자리를 떠날 수가 없었다. 자신이 사랑하는 물의 님프를 보기 위해서였다. 자신이 사랑에 빠진 것은 그저 자기를 닮은 허상에 불과하다는 것도 모른채, 저 아름다운 님프 없이는 더이상 삶도 의미가 없다고 느꼈다. 그래서 그는 연못에 비친 아름다운 피조물만을 바라보고 그와 완전히 하나가 될 날을 애타게 기다렸다.

그렇게 나르키소스는 연못가에서 죽어갔다.

그가 죽은 자리에선 수선화가 피어났다.

- 그리스 신화 중에서

80년대 후반이었다. 당시는 아무나 주식만 하면 오르던 때였고, 주식을 하지 않으면 바보 소리를 들었으며, 1억 정도면 강남에 작은 아파트 한 채는 살 수 있는 시절이었다. 나도 이 때 주식을 시작했다. 그런데, 좀 기괴할 정도로 많이 벌었다. 주식을 사는 족족 무섭게 올랐다. 순식간에 통장에 돈이 쌓였다. 정신을 차리고 보니 28억이었다.

나는 이성을 끈을 놓고 환상에 빠져버렸다. 매출 좋던 멀쩡한 사업도 관두고 밤낮으로 주식에 매달렸다. 연구에 연구를 거듭하자 주식현황판은 항상 내 생각대로 돌아갔다. 나는 전능감에 빠져버렸다. 세상에서 내가 최고인 것 같았다. 아내와 자식들에겐 명령조로 말했고, 거실에 앉아 담배 가져와라, 재떨이 가져와라 시켰다. 내가 워낙 잘나서 주식으로 뭐든 할 수 있다고 믿어버렸다. 63빌딩을 사는 것은 일도 아니라고 생각해 버렸고, 정치 거물이 되어야겠다고 생각했다.

지금 생각하면 황당하지만, 이 전능감은 중독의 전조증상 같은 것이었다. 이때 그만두었어야 했다. 그러나 중독자는 그정도의 판단력이 없다. 혹시라도, 독자들도 괴상한 전능감이 들면 무엇엔가 중독되지 않았나 돌이켜 보라. 그것은 중독의 전초부대이며, 중독은 인생의 절망과 죽음으로 가는 급행 열차니까 말이다.

언제나 그렇지만, 중독은 좋은 결과를 가져다주지 못한다. 주식으로 돈을 벌 때에도 순식간이었지만 잃을 때도 순식간이었다. 처음 잃은 돈이 10억이었다. 한번에 잃었다. 그때 그만두었어야 했다. 집도 있고 차도 있고, 현금이 20억 가까이 있으면 당시 그리 나쁜 상황은 아니었다. 하지만 나는 주식을 끊을 수가 없었다.

더욱 죽기살기로 주식에 매달렸다. 결국 가진 돈을 다 잃고, 심지어 빚을 내가면서 주식을 했다. 몸이 비쩍 말라 환자같아 보여도 나는 주식만이 내 살길이라 생각했고, 주식을 하는 시간 이외에는 의미가 없다고 생각했다.

그것은 일종의 '중독'이었다. 도박중독과 몹시 유사한 증상이었다. 도박중독은 죽어야 낫는다고 말할 정도로 끊기가 어렵지 않나. 내 주식 중독 역시 그랬다.

가족들은 나를 자제시키려고 애썼다. 때로 나는 가족들에게 버림 받아 노숙도 하고, 사설 정신 병원에 감금도 되었다. 그래도 주식을 하지 않으면 죽을 것 같았다. 어머니는 내가 망한 꼴을 보아서 그런지 갑자기 병이 들었고, 나는 어머니 간병을 하면서도 '내가 주식을 해야 어머니를 살릴 수 있다'라는 되지도 않는 핑계에 빠져들어 더더욱 주식에 열중했다. 주식 외에 다른 것은 생각할 수가 없었다.

어머니가 돌아가시고, 하관하는 와중에도 내 눈앞에는 주식 현황판만 어른거렸다. 보다 못한 아버지가 농약병을 들이밀며 같이 마시고 죽자고 할 때도 나는 '이걸 마시면 이제 주식을 못 하지 않나.'라는 생각이 들어 농약을 쏟아버렸다. 오직 주식 때문이었다. 돈을 다 잃고 나서는 푼돈이라도 주식을 하고 있어야 안심이 되었다. 주식만이 위안이자 희망이었다.

절대로 끊을 수 없을 것 같았다. 그리고 끊기도 싫었다. 이 고통스러운 쾌락만이 나를 살려줄 수 있을 거라 믿었고, 이걸 끊으면 내 인생에 더는 아무것도 없다는 믿음이 생겼다. 하루종일 주식만 들여다 보고 있어야 마음이 편했다.

중독은 이렇게 속삭였다.

'나를 버리면 너도 죽어. 네 인생에 남는 게 없어.'

'내가 너의 구원자야.'

'나만큼 매력적인 것을 본 적이 있니? 없어. 앞으로도 없을 거야.'

'결국 내가 네 삶을 구원할 거야.'

'내가 없으면 네 인생은 무의미해.'

이런 착각은 많은 중독자의 공통점이기도 하다. 중독만 끊으면 될 텐데, 중독만이 나를 구원해 줄 것 같고, 중독보다 더 재미난 것은 세상에 없다는 착각이 든다. 하루종일 중독 대상에만 골몰한다. 게다가 이런저런 핑계로 그 중독을 끊으면 안 될 것 같은 생각까지 드는 것이다. 어찌 보면 너무나 뻔한 악령의 속삭임에 나도 속아 넘어갔다.

이 속삭임의 끝은 인생의 파멸이다. 그래서, 중독은 죽음으로 이끄는 악랄한 저승사자다. 그 죽음은 실제 죽음일 수도 있지만 정서의 죽음, 혹은 정상적인 삶이 끝장나는 것일 수도 있다. 정작 본인은 자신의 상태나, 중독의 실체를 알아차리기 어렵다. 악마의 흉계 때문에 중독에 빠졌는데도 자기가 선택한 줄 안다. 그 자리에서 중독 행위만 하고 있으면 중독자는 만족하고, 자기가 죽어가는지도 모르는 채 조금씩 죽어간다.

그러면 우리는 왜 중독에 빠지는가? 앞으로 써나가겠지만, 중독자의 마음 속에서 만들어낸 허상이 그를 속인 것이다. 나르키소스가 본 것은 자아의 투영인 것처럼, 우리는 우리 가슴 속 깊은 곳에 숨어있는 욕망에 속는 것이다. 주식하면 부자가 될 것 같고, 사람을 만나고 있으면 안전하고 사랑받는 것 같고, 일을 열심히 하면 인생의 성공을 맛볼 것 같다. 유능감에 빠져 뭐든 다 할 수 있을 것 같다. 그 희열의 순간엔 자기가 최고인 것 같다.

하지만 그것은 환상이다. 깊은 내면의 욕망이 빚어낸, 그의 마음을 비추어주는 허상일 뿐, 그것으로 그는 아무것도 할 수 없다. 단지 인생이 병들어갈 뿐이다.

현대인과 숨겨진 중독

피그말리온은 왕이었다. 하지만 자신의 나라, 키프로스의 문란한 여인들이 싫었다. 그는 자신만의 현숙한 여인을 찾고 싶었다. 그러나 아무리 찾아도 그런 여인은 없었다.

결국 피그말리온은 세상에서 가장 아름다운 여인을 조각으로 완성해 내었다. 그리고 그는 자신의 조각상에게 반해버려, 매일매일 그것을 들여다 보았다. 그 차가운 손을 잡고, 딱딱한 입술에 키스하였다. 그는 자신의 조각상을 진심으로 사랑하였다. 그 아름다움을 찬미하고, 자신을 위해 아무것도 해주지 못하는 그녀가 없이는 살 수 없을 것이라고도 생각하였다. 그는 이 조각상 이상의 여인은 세상에 없다고 믿었고, 이 여인을 아내로 맞이하게 해달라고 신에게 간절히 빌었다.

그를 가엾게 여긴 아프로디테는 어느날 그 조각상에 생명을 넣어 주었다. 그제서야 조각은 살아있는 여인이 되어 그의 아내가 되었다.

- 그리스 신화 중에서

앞에서도 잠시 언급했지만, 필자의 대학 부전공이 심리학이고, 중독을 끊고 재기에 성공한 직업이 '직업상담사 자격증 강사'였다. 상담심리학과 교수로 재직하기도 하였다. 또 중독을 치료하면서, 중독 심리에 관한 연구를 지속하였다. 덕분에 짧은 지식이지만 현재는 중독에 빠진 사람들을 상담하는 일을 병행하고 있다.

그러면서 알게된 것은, 지금은 중독의 시대라는 것이다. 그리고 '중독은 숨겨져 있다'라는 사실이다. 더 솔직히 말하자면, 현대인은 대개 중독자라는 사실을 발견하였다. 그것이 건강해 보이는 것이건, 사회적으로 손가락질을 받는 것이건, 혹은 완전히 합법적이며 남들도 다 하는 것이건 간에 말이다.

중독에 빠지기 쉬운 사람들의 특징도 알게 되었으며, 거기에 중독에 쉽게 빠지는 사람들만이 가진 최대 장점과 가능성도 알게 되었다.

중독은 그것을 대체할 수 없다는 착각이다

중독에 빠진 사람들은 피그말리온처럼 행동하는 경향이 있다. 자신이 만들어낸 이상적인 상을 현실이라 믿어버린다. 자신이 중독에 심취한 그 순간을 최고의 순간이라고 믿어버린다.

그것은 원래 생명이 없는 조각상일 뿐이다. 하지만 피그말리온은 믿었다. 신이 그것에게 생명을 주었노라고. 맞다. 중독자의 환상 속에서 대상은 생명을 얻는다. 가짜 생명체는 중독자에게 끊임없이 거짓말을 한다. 마치 조각상이 아내노릇을 할 수 있다고 믿게하는 것처럼. 하지만 그것은 현실이 아니므로 조각상은 중독자를 병들게할 뿐, 아무것도 할 수 없다. 그 사실을 이 세상에서 중독자 본인만 모른다.

우리는 이것을 깨닫기 쉽지 않다. 현대 사회에서는 중독 행위가 다른 것으로 포장되어있을 때가 많기 때문이다. 일에 미친 사람, 열정적인 사람, 괴짜, 지독한 사람, 쾌락주의자, 자기만의 시간을 중요시 하는 사람, 누구나 하는 취미 등등. 하지만 중독과 열중이 다르다는 진실은 좀처럼 알려지지 않는다.

중독은 문란한 여인들에게 실망하여 조각상을 만들어낸 피그말리온처럼, 현실을 비하하고 만족하지 못하여 생겨난 결과이며, 현실보다 나은 이상적인 것을 추구한 결과이기도 하다. 하지만 이것은 쉼이나 취미, 열정 등 다른 단어로 우리를 속여버린다. 당신의 삶에 그것이 이상스러울 정도로 가장 중요한 것이며, 스스로 끊을 수 없음에도 말이다.

그렇게 당신은 당신만의 은밀한 방에서, 당신만이 이해할 수 있는 조각상을 안치해두고, 그것을 숭배하고 있다. 현실에 존재하는 그 어떤것보다 더 말이다.

중독자는 에너지가 많은 사람

하지만 재미난 발견이 하나 있다. 중독자가 되었다는 것은 그리 비관적인 것만은 아니다. 중독자들에게는 남들에게는 드문 '힘'과 '열정'이 있다. 그래서 그렇게 중독에도 빠지고, 한 대상에 열중할 수도 있는 것이다.

생각해보라. 세상 만사 유혹을 내버리고, 왕으로 누릴 수 있는 수많은 향락도 뒤로하고, 자신만의 방에서 홀로 조각상을 완성하는 피그말리온 왕을. 그것도 자신의 마음에 쏙 들게 완벽하고 아름다운 조각상을 말이다.

그는 의지력이 대단한 사람이다. 또한 몰두하고 갈구할 줄 아는 사람이다. 그덕에 그는 이상형의 조각상을 만들어낼 수 있었던 것이다.

피그말리온만의 이야기가 아니다. 중독자들은 원래 몰입의 천재들이다. 제대로 마음 먹으면 반드시 해내는 사람들이다. 그렇게 그들은 자신만의 골방에서 아무의 방해도 받지 않고 원하는 것에 꾸준하고도 집요하게 파고든다.

　중독자들끼리 운동경기하는 모습을 본 적이 있는가. 마음 약한 사람은 보고 질려버릴지도 모른다. 미미한 출혈이나 가벼운 골절 정도는 신경 쓰지 않을 정도로 그들은 목숨을 걸고 최선을 다해서 경기에 임한다. 이기기 위해서는 다치건 말건 상관이 없다. 피튀기게 최선을 다하여 승부를 낸다. 이들에겐 넘치는 에너지와 집중력, 승부욕, 특정 분야에 대한 흥미가 있다. 건전하게만 바꾸면 실로 대단한 자산이다

　이 에너지를 생산적인 것에 쏟아부으면 그들은 그야말로 대단한 일을 해낸다. 남들이 '저걸 어떻게 해냈냐'라며 혀를 내두를 정도로 지독하게 해내버린다.

　감정에도 근육이 있다. 많이 쓰는 근육은 발달되어 자꾸 그 근육을 쓰게 만드는 것처럼, 감정도 쓰는 감정을 계속 쓴다. 화내는 사람은 자꾸 화를 내고, 유쾌한 사람은 자주 유쾌하다. 중독도 그렇다. 자꾸 중독에 에너지를 쓰면 자기도 모르게 자꾸 중독에 손이 간다. 하지만 열심히 살고, 건강한 곳에 그많은 에너지를 쏟아보라. 가족, 일, 취미, 친구, 자기 자신, 동네, 사회 등을 건강하게 가꾸는 데에 에너지를 분산하여 쏟아보라. 모든 일에 할 수 있는 한 최선을 다하고, 휴일에는 아무것도 하지 않는 것으로 완전한 안식을 누려라. 그게 습관이 되고, 삶이 되고 당신의 인생이 된다.

　아직 미약한 중독이라면, 그렇게 중독에 빠지는 습관에서 벗어

나야 한다.

　당신은 중독에 약한 사람인가?

　그럴 것이다. 현대인 대부분 그러하다.

　그중에서도 유난히 약한 사람인가?

　그러면 당신에게는 기대할 수가 있다.

　당신은 대성할 가능성이 높은 것이다.

장 밥티스트 레노, 조각의 기원 : 조각상에 사랑을 느끼고 비너스에게 조각상에게 삶을 줄것을 기도
드리는 피그말리온, 캔버스에 유화, 1400*1200mm, 1786년

매력적인 것
탐스러운 것
그리고 치명적인 것

여러 곳을 찾아 헤매다 그녀는 마침내 팍스 씨의 성에 도착했습니다. 담은 높고 해자는 매우 깊은, 아주 멋진 집이었습니다. 그녀가 성문에 다가갔을 때 거기엔 다음과 같은 글이 새겨져 있었습니다.

[대담하라. 대담하라.]

문이 열려 그녀는 안으로 들어갔고, 거기엔 아무도 없었습니다. 그래서 그녀는 출입구로 걸어갔고, 그곳엔 이렇게 쓰여 있었습니다.

[대담하라, 대담하라, 하지만 지나치게 대담하지는 마라.]

그녀는 계속 들어갔고, 마침내 넓은 방에 다다랐습니다. 그녀는 넓은 계단을 올라 화랑의 문까지 왔는데, 거기엔 이렇게 써있었습니다.

[대담하라. 대담하라. 하지만 지나치게 대담하지는 마라,
네 심장의 피가 차가워지지 않으려면.]

-<영국민담모음집>[1] 중에서

영국민담 중에 '팍스 씨'라는 아주 흥미로운 이야기가 있다.

레이디 메리는 아름답고 애인이 많은 아가씨다. 애인 중 가장 용감한 남자인 '팍스 씨'와 결혼하기로 약속을 하였지만, 그는 좀처럼 자신의 성에 메리를 초대하지 않는다.

레이디 메리는 아무도 모르게 약혼자의 성을 찾아, 용기를 내서 들어갔다. 성은 상당히 크고 화려했다. 그러나 입구에 경고가 써있었으며, 깊이 들어갈수록 문에 더 강한 경고가 써있었다. 미리 힌트를 주는 것이다. 이 문으로 들어가면 위험하다고.

---

1 조지프 제이콥스, 영국민담모음집, 김차산 역, 시커뮤니케이션, 2020, p279~280

하지만 메리는 멋진 성에 대한 호기심 때문에, 그리고 곧 자신과 결혼할 사랑하는 남자의 신상이 궁금하여 그 문을 모두 열고 성으로 들어갔다. 경고가 신경 쓰였지만 용감한 그녀에게 그것은 문제가 되지 않았다. 게다가 남자가 어떤 사람인지도 모르고 결혼할 수도 없는 일 아닌가.

그 성에서 그녀가 발견한 것은 참혹한 것이었다. 아름답고, 거대하고, 호사스러운 외관을 지닌 성의 내부엔 여자들의 시체가 잔뜩 쌓여 있었고, 멀리 창밖을 내다보니 약혼자가 피투성이의 여인을 끌고 성으로 들어오고 있었다. 이쯤에서 레이디 메리는 알 수 있었을 것이다. 왜 약혼자가 그녀에게 성을 보여주지 않았는지를. 이 불쌍하게 죽은 여인들이 왜 여기에 있는지를. 다음 차례는 자기 자신으로 예약되어 있다는 것을.

약혼자의 손에 끌려오는 여인은 죽은 듯이 반응이 없었다. 건물 안으로 들어온 약혼자는 여인이 낀 반지를 빼내기 위해 낑낑거리다가 욕하며 여인의 손가락을 잘라버렸다. 잘린 손가락은 튀어올라, 숨죽이고 숨어있던 레이디 메리의 치마에 떨어졌다.

호기심 때문에, 그녀는 일생일대의 위기를 맞은 것이다.

사전에 경고한다

이 이야기는 내 관심을 끌었다. 사람은 갑자기 절벽으로 떨어지지 않는다. 특히 레이디 메리가 성으로 들어갈 때 더욱 그랬다. 인간은 위험한 지역에 들어설 때 사전에 미리 경고를 받는다. 하지만 사람은 그 경고보다 다른 것에 더 신경을 쓴다. 그래서 더 깊이, 깊이 위험으로 걸어 들어간다.

중독의 세계 역시 그렇다.

처음 주식을 접하고 나서, 나는 신세계를 만난 듯 신이 났다.

물론, 이성은 내게 경고하였다. 여기서 멈추라고. 하지만 나는 내 가슴 속 깊이 숨겨져 있던 모든 욕망을 발견했고, 주식을 매개로 그것을 수면 위로 끌어 올렸다. 나에게 너무나 유혹적이던 그것은 많은 재산과 상류층 삶에 대한 열망으로 나를 한층 더 강하게 유혹했다. 멈출 수가 없었다.

사전 경고는 분명히 있다. 솔직히 말해서 경고는 항상 우리에게 주어진다. 완전히 망하기 전까지 더 망하지 말라는 경고를 우리는 수없이 듣는다. 하지만 우리는 잔소리를 싫어하고, 조곤조곤 우리를 바꾸려 설득하는 사람들을 몹시 싫어한다. 내가 하고싶은 대로 해야 직성이 풀린다.

위험한 쾌락

주식 중독에 빠지기 전, 나는 완구점을 경영하고 있었다. PC도 거의 없고 스마트폰도 없던 시절이라 아이들에게 주는 최고의 선물은 장난감이었다. 아이들을 많이 낳던 시절이기도 했다. 당연히 명절과 기타 시즌마다 상당한 매출이 났다. 어지간한 동기들보다 돈을 더 벌었고, 친구를 만나면 무조건 술을 샀다.

그러던 어느날 심심풀이로 여윳돈 1천만 원을 주식에 넣어보았는데, 그게 금세 3배가 되었다. 나는 주식에 미쳐버렸다. 잘 되던 사업도 주식을 시작한 이후 형편없어 보여서 접어버렸다. 주식에만 매달렸다. 아주 죽도록 매달렸다. 그리고 내 인생은 나락으로 떨어졌다.

고등교육도 받고, 가정이 있고, 멀쩡한 직업도 있던 사람이 왜 그렇게 망가지면서까지 주식을 했는가. 처음 시작할 때 돈을 쉽게 벌었기 때문이었다. 첫맛이 꿀같이 달았기 때문에 나는 주식이 재미가 있다고 느꼈고, 거기에 푹 빠졌다.

도박 사기꾼들이 물주를 하나 잡으면, 처음부터 돈을 마구 뜯어내지는 않는다고 한다. 처음에는 아슬아슬하게 따게 한다. 그러면 그 사람은 도박에 푹 빠져버린다는 것이다. 차츰 도박에 발을 들이다가, 슬슬 돈을 잃게 만든다. 물주는 처음 승리했던 그 맛을 잊을 수가 없다. 돈이 조금만 더 있으면 따겠다고 생각하게 만들면, 물주는 안달하여 더 많은 돈을 만들어 온다. 사기꾼들은 그렇게 차츰 차츰 그 사람의 전부 돈을 빼앗아 간다.

주변 사람들은 그쯤에서 멈추라고 하겠지만, 물주는 이미 도박 중독이라 빠져나올 수가 없다. 아예 시작하지 않으면 가장 좋았

겠고, 혹은 돈을 처음 잃었을 때 그만 두었으면 좋았고, 약간 무리해서 도박을 한다 싶을 때 그만두어도 좋았고, 주변에서 경고와 충고를 할때 그만두어도 좋았을 것이다. 아니면 빚까지 져가면서 도박을해? 관두자, 라고 생각해도 좋았을 것이다.

그러나 결국 전재산을 잃고, 빚을 지고, 도박판에서 버림받아야만 그만둘 수가 있다.

가벼운 중독이라고 해서 이것과 다를까? 정도가 다르지 현상은 비슷하다. 몇만 원 들였다고 그 게임을 못 끊으며, 더 가치있는 인생을 낭비하는 것처럼 말이다. 작은 것이라도 그 행위 때문에 일을 망치거나, 집중력이 떨어지거나, 중요한 일이 있는데 잠을 잘 못자는 사태까지 가야 멈출 수 있다면, 당신은 그 행위를 아예 끊는 것이 좋다. 그것은 당신에게서 약간의 시간이 아닌, 인생의 거대한 자원을 빼앗아 가는 중이니까 말이다.

중독에 빠지는 사람들도 막연하게라도 이것이 금기된 것이라는 사실을 알고는 있을 것이다. 여기에 너무 많이 빠지면 안된다는 사실도 알고 있을 것이다. 최소한 경고 사인을 받을 것이다. 그러나 그들은 이미 들어선 발걸음을 제어할 수 없다. 완전히 빠지기 전까지는 자신이 중독되었다는 사실 조차 받아들이지 않는다. 조금만 더 있다가 빠져나가면 된다는 정도로 생각한다.

내가 주식에 빠지는 과정 역시 그랬다.

그냥 완구 사업을 계속하고 있었더라면 나는 이후의 지옥 같은 삶을 경험하지 않을 수 있었을 것이다. 그러나 돈을 크게 벌고 중독에 빠진 이후에는 누구도 나를 말릴 수가 없었다. 대개의 중독자가 그렇듯이 말이다.

위에서 말한 <팍스 씨>의 여주인공은 무사히 성을 빠져나와 복수극을 벌인다. 하지만 현실에서 그런 게 가능할까? 당신이 살인마의 소굴에 들어갔다면, 그가 만들어낸 공간에서 그와 단둘이 있다면, 무사히 빠져나올 수 있는 확률이 얼마나 될까?

당신이 중독에 빠졌다가 자신의 의지대로, 전혀 저항 없이 잘 빠져나올 수 있는 가능성이 있을까?

거짓말은 삼가자.

전혀 없다.

조셉 하인즈, 파에톤의 추락, 유화, 1225*665mm, 1596

중독이 매력적인 이유

파에톤은 위대한 태양신의 아들이었다.

그러나 그는 아버지를 만난적이 없었다. 님프인 어머니 혼자서 아들을
길렀기 때문이었다.

그는 너무나도 답답하고 아버지를 만나고 싶은 생각이 간절하였다. 친
구들은 그를 놀려댔다. 네까짓 게 무슨 태양신의 아들이냐고. 네 아버지
는 어머니를 버리고 도망갔고, 넌 그냥 홀어머니에게서 자라는 불쌍한
아들일 뿐이라고. 파에톤은 이 말에 크게 자존심이 상했다. 그는 자라면
서 항상 아버지를 자랑스러워했기 때문이었다. 눈에 보이지 않는 아버
지는 그의 유일한 자랑이었다. 그러나 그때 그도 깨달았다. 그는 한번도
아버지를 만난적이 없었다는 사실을. 그의 아버지가 그를 돌보아 준 적
도 없고, 그는 신의 아들로서 어떤 혜택도 누려본 적이 없다는 사실을.

남들에게 부자관계를 증명할만한 그 무엇도 없다는 사실을.

파에톤은 어머니에게 가서 따졌다. 아버지가 정말로 태양신인 것을 맹세할 수 있냐고. 증명할 수 있냐고. 어머니는 담담하게 대답하였다. 바로 이웃 나라에 태양신이 살고 있으니, 가서 물어보라고. 파에톤은 쏜살같이 달려가서 신을 만났다. 그는 실로 위대한 신이었고, 파에톤은 반드시 그의 아들이 되고 싶을 정도로 그에게 매료되었다.

"당신은 정말 제 아버지가 맞나요? 맹세해 줄 수 있나요?"

태양신은 아들을 잘 알고 있었다. 그는 지구상에 골고루 태양의 혜택을 주기 위해 매일 '하늘을 나는 불의 마차'를 타고 동에서 서까지 전세계를 비행하였다. 그 불마차를 타고 그는 아들이 자라는 모습을 매일 지켜보았다. 아주 작은 아기 때부터 소년이 된 지금까지 아버지는 애정 어린 눈으로 아들을 보고 있었던 것이다. 가까이서 아들을 본 그는 더더욱 깊은 애정을 느꼈다.

"너는 내 아들이 확실하다. 무엇이건 소원을 말해보아라. 아들아. 신들도 두려워하는 테티스강을 두고 맹세하마. 무엇이건 들어주겠다."

아버지가 아들을 보고 순수한 애정을 느낀 것과는 달리 파에톤은 친구들에게, 전세계 사람들에게 아버지를 자랑하고 싶은 마음이 더 강하게 들었다.

"아버지, 전 태양의 마차를 타고 싶습니다."

태양의 신(휘페리온이라는 기록도 있고, 아폴론이라는 기록도 있다.)은 깜짝 놀랐다.

"너는 그 마차를 타면 위험하다. 그 말들은 지극히 사납고, 너보다 힘이 세다. 네가 조금만 아래로 날아도 땅이 타버릴 것이고, 너무 높게 날면 땅이 얼어붙을 것이다. 아들아, 세상엔 더 좋은 것이 많다. 무엇이건 다른 것을 내게 구하라."

파에톤은 아버지의 말을 듣지 않았다. 태양의 마차를 타고 동네를 지나가고, 전 세계의 하늘을 날고싶었다. 사람들에게 자랑하고 싶고, 특권을 누리고 싶었다.

태양의 신은 테티스를 놓고 맹세한 것을 지켜야 했다. 할 수 없이 마차를 내주면서도 경고를 잊지 않았다. 그러나 파에톤은 마차에 올라타자마자 아버지의 경고를 깨끗이 잊었다. 극한의 쾌락이 그를 지배했다.

그러나, 기쁨의 순간은 잠시, 말은 날뛰었고 파에톤은 마차를 제대로 통제하지 못했다. 마차는 오르락내리락 마음대로 날아다녔다. 태양이 날뛴 것이다. 지구상엔 거대한 재앙이 임했다.

결국, 파에톤은 분노한 제우스가 던진 번개에 맞아 죽음을 맞이했다.

- 그리스 신화 중에서

파에톤은 왜 쓸데 없이 태양의 마차를 타겠다고 했을까?

그것이 결핍을 완전히 채워줄 수 있는 것으로 보였기 때문이다.

그의 결핍은 아버지의 부재였다. 그리고 증명되지 않은 특권이었다. 그는 아버지를 만난 적이 없으므로 애정 따위는 없었다. 아버지는 불분명한 존재였다. 하지만 다른 사람들에게는 자랑하고 싶었다. 나는 태양신의 아들이라고. 너희와는 다르다고.

한마디로, 그에게 아버지는 피상적인 자랑이었고, 실재가 아니었다. 때문에 '위대한 아버지'는 그에게 결핍으로 남았다. 그의 선택은 모든 사람들이 자기가 태양신의 아들이라는 것을 알게하는 것, 자신의 신분을 자랑하는 것이었다. 거기에만 초점이 맞추어져 있었다.

그는 짧은 희열을 누리다가 고통스럽게 죽어갔다.

약점을 보강하려는 인간

나는 왜 주식에 빠졌을까. 돌아보면 나는 '놀이'와 '게임'에 결핍되어 있었다.

어린 시절 나는 '논산의 자랑'이었다. 부잣집에서 어렵게 낳은 장남, 그야말로 귀한 아들에, 전교 1등을 하다가 서울로 유학을 간 행운아였다. 먹고 살기도 힘들었던 당시로서는 논산에서 서울로 유학 가는 아동은 극히 드물었다.

온갖 기대를 업고 서울로 갔지만, 거기서 부모님과 떨어진 결핍을 강하게 느꼈을 뿐이었다. 성적은 기대 이하이고, 눈칫밥을 먹었으며, 용돈 하나 없이 먼 학교까지 걸어 다니고, 친구들이 다 하는 군것질도 못하고, 푼돈이 드는 게임조차 하지 못했다. 충분한 애정도 받지 못하고, 제대로 놀지도 못한 나는 장난감과 과자에 굶주렸다.

특히 뽑기나 구슬 치기 등 다른 아이들이 다 하던 놀이가 나에겐 깊은 결핍으로 남아버렸다. 나는 성인이 되어서도 완구점을 운영했으며, 가벼운 놀이나 내기에 과도하게 집중하였다. 승부욕이 강했고, 게임을 하면 무조건 이겨야 했다. 한 마디로, 도박에 약한 체질이었다.

이 결핍은 생각보다 강했다. 성인이 되어서 과자를 집안에 가득 사놓고 먹었던 적이 있다. 아내와 데이트를 할 때 어린이들이나 하는 게임에 지나치게 열중한 적도 있었다. 과자는 입에 맞지 않아 곧 질렸지만, 게임은 달랐다.

건강한 성인으로 자라려면, 성장기에는 어지간하면 결핍이 없어야 한다. 하지만 이미 결핍이 생겼다면 해결하는 방법이 두 가지 있다. 해롭지 않은 것이라면 아주 진력이 나도록 파고들어서 결핍을 없앨 수 있다. 내가 뽑기 과자에 질린 것처럼 말이다. 그러나 도박이나 도벽, 알코올, 약물 등, 질리도록 소비해서 해결될 성질이 아니라면, 다른 것을 찾아야 한다. 어른에게 적절하고 건강한 다른 취미나 활동 등으로 대체하여 그 결핍을 해소하는 것이다. 그러나 그게 말처럼 쉬운가. 결핍이 있어도 있다고 인지하는 것 자체가 일단 어렵다.

모든 일엔 적기가 있다

주식은 내게 있어 일종의 게임이었다. 나는 어린 시절의 결핍을 다 채우지 못한 채, 그 자리에 주식을 채워 넣었다. 배고픈 아이가 제대로 된 식사가 아닌 불량식품으로 배를 채우면 병이 드는 것처럼, 이것은 내 정서에 심각한 병을 주는 결과를 가져왔다. 깊은 결핍만큼이나 깊었던 희열은 내 영혼은 병들게 했다.

이것은 나만의 경험은 아니다. 수많은 상담 사례가 중독자들 내면의 결핍을 이야기한다. 중독자들을 상담하다 보면 중독자들은 대개 아버지와의 관계에 문제가 있거나, 제각기 다른 결핍이 자리하고 있는 것을 알 수 있다.

대개 사람들은 신체 발달에 각각 적기가 있다는 사실을 알고 있을 것이다. 성장기에 제대로 된 영양과 환경을 누려야 한다. 적기에 적절한 영양과 환경을 제공해주지 못하고 '때'가 지나버리면, 그 결핍은 메우기 어렵다. 예를 들면 성장기 때 제대로 먹지 못해 키가 제대로 크지 않았다면, 성인이 되어서 아무리 먹어도 키가 더는 자라지 않는 것이다.

이것은 정신영역에서도 마찬가지다. 어릴 적에 필요한 것은 충분히 공급되어야 한다. 충분한 사랑과 보호, 충분한 포옹, 충분한 놀이와 학습, 건강한 인간관계와 즐거운 대화, 애정 기반의 소속감, 적절한 훈계와 조언이 필요하다. 혹시라도 결핍을 느꼈다면 어릴 적에 해소하고 극복하며 건강하게 자라야 한다. 성인이 되어서 그 결핍을 채우고 치유하기란 어릴 적보다 훨씬 더 어렵다. 물론, 당연히, 불가능하지는 않다. 하지만 어릴 적 생긴 정서적 '구멍'은 성인이 될수록 점점 더 깊어지고, 고착되어 메우기가 어려워진다.

이 결핍은 생각보다 심각한 문제다. 본인이 성장하면서 잊었건 그렇지 않건 간에 말이다. 피부에 상처가 나면 흉터가 남는다. 보기에 아름답지만은 않다. 마음에 상처가 나도 마찬가지이다. 우리는 건강하고 아름다운 마음을 갖기 위하여 정서적 구멍을 해소해야 한다. 아예 생기지 않으면 더 좋겠지만 이미 생긴 것은 해소하기 위해 최선을 다해야 한다.

내가 만났던 알코올 중독자 중엔 부유하게 자란 유학파들도 꽤 많았다. 어린 나이에 유학하여서 어머니가 해주시는 따듯한 밥, 가족의 화목함, 이리저리 부대끼며 건전하게 성장할 기회, 익숙한 친구들과의 만남 등등보다는 낯선 환경에 동떨어져 낯선 언어로 적응하다 보니 정서에 구멍이 생긴 것이다. 성공하라고 유학을 보냈건만, 아이는 병들어서 돌아와 중독자가 되었다.

아이는 장래의 성공만을 위해 사는 존재가 아니다. 아이의 현재가 쌓여서 장래가 만들어진다. 사람은 공부만 잘했다고 성공하지는 않는다. 성공했다고 해서 그 성공이 유지되리란 법도 없고, 반드시 행복한 것도 아니다. 정서적으로 안정이 되어야 비로서 행복한 사람이 된다. 그러니 아이에게 무엇이 필요한가 다각도에서 생각해보자.

이제 당신을 위해 질문해 보겠다.

혹시 당신도 중독에 쉽게 빠지는가? 내 삶을 내가 조절하기 어려운가?

어딘가에 숨어있는 결핍을 찾아보면 어떨까.

결핍을 찾는 것은 생각보다 어렵지 않다.

당신이 과거에 간절히 바랐던 그 어떤 것에 숨어있으니까.

달콤한 독약

삭개오라 이름하는 자가 있으니 세리장이요 또한 부자라

그가 예수께서 어떠한 사람인가 하여 보고자 하되 키가 작고 사람이 많아 할 수 없어

앞으로 달려가서 보기 위하여 돌무화과나무에 올라가니 이는 예수께서 그리로 지나가시게 됨이러라

예수께서 그 곳에 이르사 쳐다 보시고 이르시되 삭개오야 속히 내려오라 내가 오늘 네 집에 유하여야 하겠다 하시니

급히 내려와 즐거워하며 영접하거늘

뭇 사람이 보고 수군거려 이르되 저가 죄인의 집에 유하러 들어갔도다 하더라

삭개오가 서서 주께 여짜오되 주여 보시옵소서 내 소유의 절반을 가난

한 자들에게 주겠사오며 만일 누구의 것을 속여 빼앗은 일이 있으면 네 갑절이나 갚겠나이다

예수께서 이르시되 오늘 구원이 이 집에 이르렀으니 이 사람도 아브라함의 자손임이로다

인자가 온 것은 잃어버린 자를 찾아 구원하려 함이니라

- 누가복음 19:1~10

성경에 '삭개오'라는 사람이 있다. 기록을 보면 키가 몹시 작아 저신장증이 의심되는 사람이다.

그는 세리였다. 침략자였던 로마 제국을 위해 식민지였던 조국 동포에게 세금을 거둬들이는 일을 했다. 그는 어쩌면 매국노 노릇을 하며, 동포의 고혈을 빨아 배를 채우고 있었을 것이다. 그래서 당시 세리라는 직업은 대단히 경멸받는 직업이었다. 그는 몹시 부유했지만, 친구가 없었다. 그는 일종의 장애를 지니고 있었을 것이며, 사회적 지탄을 받았고, 그럴수록 더더욱 동포에게 부당하고 무거운 세금을 징수함으로써 부를 축적했을 것이다.

그러나 그 마음속에는 신앙이 있었다. 그리고 자신을 구원해 줄 누군가를 애타게 기다렸다. 자신을 차별하지 않을 사람, 장애는 죄 때문이 아니라고 말해줄 사람, 자신에게 진실을 알려줄 사람.

말만 앞서고, 사람들이 볼 때만 선행을 하고, 쓸데없는 논쟁에 앞장서고, 정의롭지도 않은 정치색을 강하게 드러내는 가식적인 종교지도자들보다는 가난하고 아픈 사람을 고쳐주고, 하나님의 말씀을 전해줄 진짜 지도자.

그는 애타게 예수님을 만나고 싶었다. 하지만 자신이 없었다. 게다가 키가 너무 작아서 다른 사람들 어깨 너머로 예수님을 볼 수도 없었다.

삭개오는 나무 위로 올라갔다. 별다른 기대는 없었다. 그저 예수님이 놀라운 분이며, 자신은 큰 부자이지만 비참한 사람이라는 것을 알고 있었고, 예수님을 보고 싶었다.

그런데, 놀랍게도 예수님이 그를 만나주고, 그의 친구가 되어 준 순간, 그의 모든 결핍은 사라졌다. 그는 그동안 자기가 축적했던 부당한 재산을 모두 원주인에게 갚아주겠다고 말했다.

그는 어쩌면 훌륭한 부모님 밑에서 성장한 사람이었을지도 모르겠다. 예수님을 보았을 때의 반응을 보면 그렇게 추정할 수도 있겠다. 핸디캡 때문에 직업 선택에 한계가 있긴 했지만, 완전한 돈의 노예가 되지는 않았다. 그는 존경할 대상이 필요했던 것 같다. 사랑으로 자신을 이끌어줄, 삶의 기준점이 되어 줄 대상. 그런 사람을 만났을 때 얼른 다가가 관계 맺기를 주저하지 않았다. 그는 '신뢰 관계를 형성하는' 훈련이 되어있었다.

현대인의 시각으로 분석하면, 삭개오는 아마도 '결핍'이 있었을 것이다. 그래서 그는 '돈'을 모으는 것으로 그 결핍을 채우려 했다. 하지만 그는 알고 있었다. 자신에게 진짜 필요한 것은 돈이 아니라는 사실을.

드디어 만난 예수님이 결핍을 채워주자, 그에게 있어 돈은 더이상 집착할만한 무엇이 아니었다. 예수님이 열어주신 새 삶이야말로 그가 원하던 것이었으니까.

중독은 의존이다

삭개오는 채울 수 없는 결핍 때문에 돈에 의존해서 살았다. 잘못된 것을 알고 있어도, 그것 때문에 더욱 소외되어도 그는 돈을 긁어모았다. 그 삶이란 일종의 '버티기'였다.

중독이란 '의존'이다. 어딘가에 심하게 의존해서, 그것 없이는 살기 어렵다는 뜻이다. 보통 중독에 빠진 사람들은 원래 몹시 연약했거나, 의존 때문에 연약해진 사람들이라고들 생각한다. 그러나 독자분들도 잘 알고 있을 것이다. 이 세상엔 재미난 것이 너무도 많은데, 그것들 모두가 다 내 것은 아니다. 다 누릴 수가 없다. 그럼 나는 어딘가 헛헛한 마음을 품고 어떻게 살아가야 하겠는가? 무언가 나를 달래주어야 한다. 많은 경우, 바로 이것이 중독이 되어버린다.

인간은 자꾸 의존하고 싶지만, 세상에 건강하게 의존할 수 있는 대상은 그리 많지가 않다. 자기를 믿고 살아가라는 격언도 있다지만, 자기 자신조차 스스로 의존할 수 있는 대단한 존재가 아닌 것이다. 그래도 최소한 저기에 의지할지 말지 정도는 자기가 결정할 수 있어야 하지 않을까? 그러나 중독이 되면 그게 안 된다. 자신을 해치면서까지 과도하게 의존한다.

거기서 벗어나지 못하는 이유는, 사실, 당신이 지금 생각하고 있는 그것이 아니다. 그냥 중독되었기 때문이다. 앞장에서 말했던 '악령의 속임수'는 여기에도 해당한다. 잘 조절하며 유지한다는 생각이 들더라도, 완전히 끊어내지 않고 이런저런 핑계를 대며 조절하고 있다면, 사실은 끊지 '못하는' 것이다.

의존하는 이유

나는 가끔 이렇게 말한다.

"주식을 처음 시도할 때 잃은 사람은 축복받은 사람이다."

첫투자에 돈을 잃으면 주식에 흥미를 잃어버리기 때문이다. 흥미 없는 대상에 중독되기란 어렵다.

물론, 주식이 아니라 다른 도박도 마찬가지다. 아예 시작을 말던가, 처음에 잃어야 한다. 그래야 재미가 없어서 관둔다. 재미 없는 것에 의존할 사람은 별로 없다. 그러나 조금이라도 땄다가 잃었다가를 반복하면 쉽게 중독에 빠져든다.

알코올 중독에 빠진 사람들치고, 처음에 술이 너무너무 싫고, 자신은 선천적으로 술이 잘 안 맞았다고 말하는 사람 별로 없다. 그들 중엔 술을 대단히 좋아하는 사람들이 많다. 그렇게 좋아하는 술이 자기 인생을 망치는 원수가 된 것이다.

게임 중독에 빠진 사람 중에는 상상력이 뛰어나 판타지 세계에 매료되기 쉬운 사람이 많다. 그 상상력으로 창의적인 것을 다양하게 할 수 있겠지만 게임 중독에 빠져 게임이 주는 말초적인 재미에만 익숙해져 시간을 낭비한다.

어릴 때 충분한 애착을 경험하지 못한 사람도 '관계 중독'에 빠지기 쉽다. 그렇게 성품 좋고 내게 에너지를 실어주던 사람도 관계 중독에 빠지면, 친분 조차 나와 남을 옭아매는 사슬로 만들어 버린다.

중독은 이렇게 '자기가 좋아하는 것', 혹은 '객관적으로 필요한 것'과 연관이 되어 있다. 그래서 중독은 재미있는 것이다. 또한 현대의 산물은 사람을 매혹시킬만한 매력을 지니고 있다. 그래야 상품가치가 있기 때문이다. 매혹적인 것 천지에서 우리는 매일 유혹을 받는다. 그것은 당신의 약점을 노린다. 조금 발을 헛디디면 바로 크건 작건 중독에 빠져버린다.

중독이 지속되면 처음에 느꼈던 재미나 희열은 조금씩 희석된다. 대신 자기도 조금씩 이렇게 한 가지에 매달려 있는 것이 괴롭다고 느껴진다. 하지만 그만둘 수는 없다. 심지어 중독이 지옥 같다고, 그만두고 싶다고 말하는 사람들도 꽤 많다. 이 사람들은 하기 싫은 일을 억지로 하면서도 그걸 그만두지 못한다.

설혹 여기서 질렸다면서 그만두어도, 곧 중독 초기에 느꼈던 희열을 되찾고 싶다. 그러면 비슷한 쾌락을 주는 다른 것을 찾는다. 결국 당신은 중독에서 벗어난 것이 아니라 그 중독을 유지하기 위한 다른 것을 찾아낸 것이다. 대상이 비슷한 것으로 대체되었을뿐, 중독 증상은 유지된다.

직장이 이 정도로 시간을 빼앗고 힘들게하면 진작에 때려치웠을 텐데, 중독 대상은 어쩐지 다 괜찮다. 고통스럽지만 재미있다. 그 희열과 고통의 교차로에서 자기를 돌보지 못하는 상황이 계속되면서 점점 더 병이 깊어진다.

낙원을 잃어버렸다면

여호와 하나님이 이르시되 보라 이 사람이 선악을 아는 일에 우리 중 하나 같이 되었으니 그가 그의 손을 들어 생명 나무 열매도 따먹고 영생할까 하노라 하시고

여호와 하나님이 에덴 동산에서 그를 내보내어 그의 근원이 된 땅을 갈게 하시니라

이같이 하나님이 그 사람을 쫓아내시고 에덴 동산 동쪽에 그룹들과 두루 도는 불 칼을 두어 생명 나무의 길을 지키게 하시니라

- 창 3:23

창세기는 재미난 이야기를 해준다. 원래 인간에게 땅은 아주 친절한 것이었다. 그러나 인간이 죄를 지은 이후, 땅은 인간에게 혹독해졌다. 인간은 누리며 살던 낙원에서 쫓겨나 다시는 돌아갈 수 없게 되었다.

여기서 라캉은 재미있는 이야기를 하나 하였다. 다른 설명을 싹 빼고 아주 간단하게 말하면, 인간은 원래의 낙원을 잃어버렸다는 것이다. 그래서 마음속엔 언제나 잃어버린 낙원에 대한 갈망이 있고, 그 낙원을 되찾기 위해서 낙원 아닌 것에 골몰한다는 것이다. 그러나 아무리 '아닌 것'을 긁어 모아봐야, 원래 낙원이 아니고, 낙원에 대한 갈망은 영원히 채워질 수 없다는 것이다.

자본주의사회에서는 결핍된 욕망을 물질로 채우려고 하지만, 우리가 소유할 수 있는 물질은 원래 잃어버린 낙원이 아니기 때문에, 우리의 갈증은 날이갈수록 더 심해지고, 소비는 계속된다. 그러나 우리의 욕망은 영원히 채워지지 않는다.

낙원을 잃은 세대

중독 심리를 살펴보면 어쩐지 성경의 창세기가 생각나게 한다.

태초에는 낙원이 있었다. 낙원에는 사람도 있고, 동물도 있고, 또한 그 모든 것을 허락해 준 신이 있었다. 사람은 그 신에게 의지하여 자존감도 높아지고, 소원도 성취하고, 부족함 없이 즐겁게 먹고 살았다. 일은 친구들과 도모하는 놀이에 가까웠다. 세상은 낙원이었다. 한 가지에 과도하게 골몰할 필요가 없었다. 모든 것이 즐겁고, 모든 것이 풍족하고, 모든 것이 행복했으니까.

그러나 어느결에 낙원은 사라지고 우리 주변엔 생존하기 벅찬 도시가 우뚝 서 있다. 아무 조건 없이 과실을 내어주던 나무들은 이제 비싼 값을 물어야 겨우 한두 알 과일을 내주고, 땅은 더는 과실의 껍데기를 무상으로 받아주지 않는다. 그것을 버리기 위해서 우리는 비용을 지불해야 한다. 무제한으로 곡식과 나물을 내주던 토지는 메말라버렸고, 심지어 우리가 구매하기에는 너무나 비싸졌다. 물도 땅도 비싼 데 물과 햇빛으로 키워야 하는 토지의 소산이야 오죽하랴. 햇빛은 공짜인가. 그렇지 않다. 채광이 좋은 집은 그렇지 않은 집보다 더 비싼 것이다.

우리는 낙원을 되찾고 싶다. 무엇이건 풍족하고 사랑을 주고받아 즐겁던 그곳으로 돌아가고 싶다. 그러기 위해서는 무언가가 있어야 하는데, 그 무언가가 무엇인지 잘 모르겠다. 그래서 우리는 우리를 만족시킬만한 것을 찾아 헤맨다. 끊임없이 소비한다. 하지만 근본적인 목마름은 영원히 해결하지 못한다. 우린 목마른 상태를 해소하기 위해 사물을 소비하지만, 효과가 미미하다. 사물은 대상이지 상태가 아니기 때문이다. 다시 말해서, 우리가 목구멍에 쑤셔 넣는 것들은 우리에게 필요했던 바로 그것, 그러니까 낙원 자체가 아니니까 말이다. 때문에 우리는 항상 목말라 있다. 그래서 더욱 쉽게 중독에 빠지는 것인지도 모른다.

게다가 우리 주변엔 중독이 될만한 것이 많다. 너무 많다. 잘못된 성행위, 잘못된 관계, 과도한 점술, 미신, 주식, 쇼핑, 마약, 도박, 잘못된 식습관, 사회관계망서비스, 돈, 스마트폰, 게임, 인간관계, 허풍, 정치, 악플, 운동, 의약품, 도벽, 거짓말, 일, 읽기, 권력 등등 과몰입하는 모든 것이 중독과 연관이 있다. 심지어 부모 중독, 자식 중독까지도 있다. 이것은 애정이 많아 보이지만 사실상 비틀린 애정이며, 그 애정의 대상자에게도 잘못된 정서를 심어주기 십상이다.

그런데, 현대사회를 살면서 가벼운 중독도 없는 사람이 몇이나 될까. 만약 그런 이가 있다면 그는 무엇을 숨기고 있거나, 아니면 자기 자신을 제대로 파악하지 못하거나, 혹은 대단히 건강하고 의지가 강한 사람일 것이다. 현대사회의 수많은 물화는 우리를 중독으로 이끈다. '중독을 피하는 것은 간단해'라고 말하는 사람은 자신의 상태를 제대로 파악하지 못했거나, 혹은 이에 대해 면밀히 관찰한 적이 없는 사람일지도 모른다. 아니면 단지 으스대길 좋아하거나.

살아남는 것이, 적당히 우아하게 사는 것이 벅찬 현대사회에서, 게다가 노동의 강도나 학습의 난이도가 날로 높아지며, 우리를 유혹하는 상품을 만들기 위해 연구에 연구를 거듭하는 사람들이 넘쳐나는 이 시대에 우리는 쉽게 중독에 빠질 수밖에 없다.

물론 이 중에는 일상적인 것도 많다. 주식, 돈, 스마트폰, 운동 등은 당연히 우리 주변에 있으며 여기에 중독되는 사람도 있고, 중독되지 않는 사람도 있는 것이다. 그러니까, 중독의 대상 중에는 마약처럼 자체가 나쁜 것도 있지만, SNS나 돈과 같이 자체는 좋지도 나쁘지도 않은 것도 있다. 다만 잘못된 사용 방법과 인식 때문에, 혹은 다른 결핍 때문에 중독이 되어버린 경우가 문제다.

더 무서운 것은, 중독 중에는 워낙 건전해 보여서 사람들은 그것이 중독이라고 인지하지도 못하는 것도 있다는 것이다.

가벼운 중독도 중독이다

중독의 정의에 관해 다시 이야기해보아야 겠다.

중독이란, 자기 삶을 건강하게 유지하는 데 방해되지만, 스스로 떨쳐 버리지 못하는 모든 것이다. 당신이 그것에 의존하여 시간을 보내거나 안정감을 얻기 위해 그것에 의지한다면, 그것은 중독이다.

당신이 열중하는 일 때문에 현재 편안하지 않거나, 진짜 중요한 일에 방해가 된다면, 혹은 스스로 그것을 끊을 자신이 없거나, 끊지 않기 위해 이런저런 핑계를 대고 있다면, 당신은 중독을 의심해야 한다. 아무리 남들도 다 즐기는 것이라고 해도 말이다.

그럼 '그 행위를 할 때만 뇌가 조금 변할 정도의 아주 가벼운 중독'은 괜찮지 않으냐고 물을 수도 있다. 그러나 여기서 가장 무서운 것은, 심각한 중독은 가벼운 중독에서 시작할 가능성이 몹시 높다는 것이다. 그리고 가벼운 중독과 심각한 중독자의 뇌에는 공통점이 있다는 것이다. '가벼우니까 괜찮아'라는 말을 할 수 없을 정도로 사람을 병들게하는 치명적인 공통점이 말이다.

중독자들은 자신을 속이는 거짓말을 한다. '난 충분히 조절할 수 있는 정도만 해.' 하지만 이미 눈동자에 총기가 사라져 있다. '다른 것을 찾으면 얼마든지 끊을 수 있어. 잠시만이야.' 다른 것을 찾아야만 끊을 수 있다는 것 자체가 중독의 반증이다.

핑계도 비슷하다. '중독이 아니라 그냥 좋아하는 거야.', '난 언제든 그만둘 수 있어.', '난 낙이 이거밖에 없어.' 등등. 그러나 특정한 행동이나 약물이 자신의 건강한 삶보다 더 좋다고 느껴지고, 너무 자주 그 일을 하거나, 너무 자주 생각나면 중독이다. 혹은 점술에 자꾸만 의지하여 중요한 일을 결정하려는 것 역시 중독이다. 그 자리엔 상식이나 경험, 판단력, 의지 등 다른 것이 있어야 한다.

무엇보다 중독자들은 자신의 상태가 가벼운 중독인지, 심각한 중독인지 스스로 판단할 수가 없다. 이런저런 핑계로 그 행동을 완전히 끊어내지 못하고 있다면, 어서 끊어야 한다. 중독이니까.

중독은 달콤한 독약

아담과 하와는 낙원에서 쫓겨나 광야에서 살게 된다. 신을 배신한 결과였다.

중독자의 끝을 보면 그리 편안하지가 않다. 가벼운 중독은 인생의 낭비를 낳고, 더 지독한 중독을 부르고, 잦은 실수나 착각이나 혹은 우울증을 부른다. 중독이 주는 쾌락 대비 일상이 지루하게 느껴지기 때문이다. 일상의 소소한 의미가 다 가치가 없게 느껴진다. 전두엽에도 문제가 생긴다.

지독한 중독자는 대개 가족에게 버림받는다. 나도 지독한 중독으로 가족들에게 버림받고, 사설 폐쇄 정신병동에 감금된 적이 있었다. 내가 있던 정신 병원에서 끔찍하게 환자가 죽어 나가는 사건이 있었지만, 가족 중 아무도 항의하러 오지 않았다. 왜 그럴까. 지독한 중독자는 가족들에게도 애물단지이기 때문이다. 중독은 서서히 자기를 망칠 뿐만 아니라 주변 사람들까지도 괴롭게 만들기 때문이다.

중독은 달콤한 독약과도 같다. 달고 탐나는 과실처럼 그것은 우리를 유혹한다. 한꺼번에 많이 먹으면 죽지만, 아주 조금씩 먹으면 서서히 죽어간다. 돌이킬 수 없는 지경에 이르기 전엔, 자기가 죽어가는 줄도 모르면서 말이다.

시지프스와 오징어 게임

시지프스는 저주를 받았다.

그는 거대한 바위를 굴려 산 꼭대기에 올려놓아야 한다.

그가 전신의 힘을 짜내 가파른 오르막에서

그의 몸집보다 더 큰 바위를 굴려

겨우 산 정상에 올려 놓으면

바위는 여지 없이 굴러떨어져

처음부터 다시 시작해야 한다.

다시 올려 놓으면 떨어지고

다시 올려 놓으면 떨어진다.

그의 고행은 언제 끝날지 알 수가 없는데

그가 굴리는 거대한 바위는 이상스레 작아지지도 않고

망가지지도 않고

점점 더 커지는 느낌이다.

- 그리스 신화 중에서.

시지프스의 신화는 여러가지로 해석되고 응용되고 있다.

나는 이 신화 이야기를 들으면서 중독자의 쾌락을 떠올렸다.

중독자들은 산정상에 바위가 멈추어 있기를 바란다. 아주 극도의 쾌락 상태에서 자신의 삶이 멈추어 있기를 바란다. 애를 써서 자신을 짜내면서 쾌락의 한복판에 삶을 고정하려고 한다. 영원히 고정되지 않을 그 첨예한 산봉우리 꼭대기에.

그런 쾌락은 그러나 자주 오지 않고 오직 중독 행위에서만 가능하다. 게다가 중독 행위의 열매는 쓰다. 그래도 그들은 그칠 수가 없다. 산정상에 도달했을 때의 아주 짧은 쾌락에 이미 사고가 마비되어 있으니까. 그 불가능한 순간을 영원으로 박제하고 싶어, 그 일에 인생을 바치게 설계되어 버렸으니까 말이다.

시지프스는 제우스의 분노를 사서 바위를 굴리는 징벌을 받았다고 한다. 제우스의 진짜 징벌은 어쩌면 육체 노동이 아닌 중독 증상일지도 모른다. 그만두면 훨씬 편할텐데, 삶의 질이 높아지고 자기 인생을 되찾을텐데, 무의미한 행동을 반복할 수밖에 없는 저주. 바로 중독이다.

딱지치기로 생명을 탈취하다

그러면 사람들은 왜 중독에 빠질까.

전세계적으로 흥행한 웹드라마 <오징어 게임>에 그 연유가 절묘하게 나타난다. 이 드라마를 보면서 나는 그 드라마 속 세계는 중독자들의 집합소 같은 곳이라고 생각하게 되었다. 등장인물이 온통 중독자들이다.

먼저, 첫 시작이 중독의 시작과 비슷하다. <오징어 게임>에서 참가자들을 유혹한 방법은 '딱지치기'였다. 딱지치기에서 참가자가 이기면 10만 원을 받고, 지면 10만 원을 내야 한다. 돈이 없으면 따귀를 맞는다. 참가자들은 가끔 10만 원을 받고, 무수히 따귀를 맞다가 바짝 약이 오른다.

하지만 중독자들은 안다. 한 번 이겨서 10만 원을 받는 순간, 그동안 맞았던 따귀의 아픔은 싹 잊는다. 그리고 다시 그 10만 원의 쾌락을 느끼기 위해 계속 얻어맞는다. 그 재미, 쉽게 돈을 벌 수 있고, 내기에서 이길 수 있다는 그 쾌락과 맞을 때의 치욕이 뒤섞여 승부욕이 절정에 달한다. 그렇게 그들은 모두 죽음의 게임에 빠져든다.

상당히 비이성적인 것 같지만, 내면에 특정 욕구가 있는 사람은 그렇게 걸려드는 것이다. 특히, 중독자들은 처음에 재미를 맛보면, 살인자의 소굴과도 같은 중독으로 쉽게 빠져들어간다. 시지프스가 산정산에 돌을 올려놓는 그 짧은 순간 때문에 계속 무거운 바위를 굴리듯이, 그들은 치욕스럽게 얻어맞아가면서 계속 딱지치기를 한다.

그들은 그칠 수가 없었다. 그러다가 이제 막, 완전히 이겼구나, 생각했을 때 갑자기 게임은 끝난다. 중독에 약한 이 참가자들은 바짝 열이 오른다. 그때 그들에게 주어진 것이 바로 아주아주 수상한 게임의 초대장이다.

절대로 거절할 수가 없다. 그들은 이미 승리의 달콤함과 패배의 치욕을 맛보았으므로. 감질나지만 즐거운 보상을 손에 쥐었으므로. 그리고 이제 막 이기려는 그 순간에 전달받은 초대장이므로.

그들은 초대에 응한다. 그리고 납치되듯 섬으로 갔을 때, 첫 게임은 그야말로 경악스러운 것이었다. 이들은 사람이 죽는 모습을 눈앞에서 보고, 당장 섬에서 나가자고 말을 한다. 하지만 곧이어 그들 눈앞에 돈다발이 떨어진다. 이것은 그들에게 미끼가 되어, 역시나, 그들은 집으로 가지 못한다. 따귀를 맞아가면서 계속 딱지치기를 했던 것처럼, 이 비참한 시지프스의 후예들은 그 무시무시한 게임을 지속한다.

결국, 딱지치기 같은 작은 게임이 목숨을 건 큰 게임을 불렀다. 그 게임으로 그들 대부분이 죽음을 맞는다.

이건 중독자들에게 대단히 중요한 장면이다. 이겼다 졌다 하니까, 너무 재미있기 때문에, 이 게임은 별 것 아니니까, 언제건 그만둘 수 있으니까, 조금만 더하면 이길 것 같아서 등등의 이유로 중독이 되고, 그 중독은 그들을 죽음으로 이끈다.

왜 낚이는가

원래 작은 도박이 큰 도박을 하게 한다. 중간에 이런저런 과정이 있지만, 결과는 비슷하다. 도박을 하기 위해 지불하는 것은 처음엔 푼돈이었지만, 갈수록 무리를 하게 되고, 나중에는 자신의 인생 전부를 지불해 버리게 된다. 결국 평범한 다른 것을 누릴 수가 없고, 산에서 돌을 굴려 올리듯이 고통스러운 중독에 속박되어 산다.

그렇게 중독에 빠진 사람은 자신의 진짜 인생을 잃어버린다. 그러나 중독 행위를 멈출 수가 없다. 도박을 끊으려고 손가락을 자르면 발가락으로 도박을 한다고 하지 않는가. 멈출 수가 없는 것이다.

시지프스가 여전히 바위를 굴리는 것처럼 중독자들은 고통스럽지만 여전히 그 행위를 지속한다.

티치아노, 시시포스, 캔버스에 유화, 2370*2160mm, 1548-1549

중독자들의 거짓말

이상의 <날개>를 읽을 때면 일제 치하 지식인들의 무기력이 느껴진다. 몸도 건강하지 않고, 경제적 능력도 없고, 정신도 쇠약한 어떤 엘리트 남성. 마치 유곽처럼 생긴 곳에서 그는 매춘부에게 더부살이를 한다.

아니, 솔직히 말하면 그곳은 '유곽처럼 생긴 곳'이 아니라 그냥 유곽이다. 남자는 알면서도 그것을 인정하지 않는다.

여자는 다른 남자를 데리고 올 때마다 그를 옆방에서 나오지 못하게 하고, 그에게 동전을 준다. 그는 동전을 모아둔다. 별달리 쓸 일도 없지만 그냥 동전을 모으는 게 좋다. 하지만 그가 돈을 꽤 많이 모아두면, 여자는 그 돈을 도로 가지고 나간다. 그는 다시 무일푼이 된다.

그는 절대로 자기 아내가 매춘부라는 사실을 인정하지 않는다. 자기 집은 정확하게 유곽 내부에 있지만, 유곽같이 생겼다는 정도로 얼버무리며, 자기 아내가 다른 사내들과 어떤 짓을 하는지 알면서도 인정하지 않는다. 아내가 별의별 패악을 다 부려도 그저 무기력한 아이처럼 행동한다.

- <날개>를 읽다가, 노숙교수(더키) 생각

<오징어 게임> 이야기를 조금만 더 해야겠다.

<오징어 게임>에서 대단히 욕을 먹을만한 장면이 있다. 노년에도 노동하는 어머니의 돈을 훔치는 아들의 모습이 나오는 것이다. 그것도 아주 익숙하다. 어머니가 돈을 숨겨 놓은 장소를 기가 막히게 찾아내고, 어머니가 바꾸어버린 통장 비밀번호를 추리해서 알아맞힌다. 어머니는 왜 돈을 숨겨 두었을까. 당연히 아들 녀석이 자꾸만 훔쳐 가기 때문이었다. 그렇게 아들에게 돈을 강탈당한 어머니는 가난에 찌들어 살며 삼시세끼 아들 밥상을 차리고, 아픈 몸으로도 장사를 한다.

아들은 어머니의 돈을 훔쳐 그 돈으로 도박을 한다. 어머니가 감춰둔 돈을 찾아낸 아들은 눈동자가 돌아가게 기뻐한다.

여기까지만 보면 다들 패륜아라고 욕을 할 것이다. 그런데 이 사람은 알고 보면 그렇게 인성이 망가진 사람은 아니다. 오히려 다른 사람들을 위해 자신의 것을 포기할 줄 아는 사람이다. 여러 사람을 챙길 줄도 아는 사람이다. 그럼 왜, 그는 어머니에게만 그렇게 잔인했을까.

어머니를 위해 어머니 돈을 훔친다

이건 중독자들만이 이해할 수 있을지도 모른다.

중독자로서 그는 '어머니를 위해' 어머니의 돈을 훔쳤을 것이다. 무슨 뜻이냐면, 훔친 돈으로 도박을 해서, 그것으로 돈을 많이 벌어서 어머니에게 돈을 많이 갖다주겠다고 생각했을 것이라는 뜻이다.

그가 도박에 빠진 이유는 단지 도박이 재미가 있어서는 아닐 것이다. 극의 흐름을 잘 보면, 그에겐 돈이 절실하게 필요하다. 돈이 필요할 때 도박장에 가기도 한다. 그래서 그는 도박으로 돈을 벌어 어머니에게 돈을 가져다 주기 위해 어머니의 돈을 훔친 것이다. 결국 다 잃고 빼앗기는 한이 있어도 말이다.

이 말도 안 되는 소리가 바로 '중독자의 거짓말'이다. 어떻게든 중독 행동을 지속하기 위해 중독자는 핑계를 댄다. 가장 나쁜 것이 중독 행동이지만, 그것만이 이 세상 모든 문제의 해결책인 양 믿어 버리는 것이다.

나 역시 그랬다. 가장 사랑하던 장남이 주식 중독에 빠져 망가지는 것을 보던 내 어머니는 폐암에 걸렸다. 나는 그 소식을 듣고 그동안 간신히 끊었던 주식을 다시 시작했다. 핑계는 '이걸로 돈을 많이 벌어서 엄마를 치료해야 겠다.'였다. 그 많던 재산을 다 날리게 한 주식으로 말이다.

중독은 뇌에 이상을 일으키는 기생충과도 같다. 다른 일에는 아무리 멀쩡해 보이는 중독자라도, 중독에 한해서 그는 올바른 판단을 할 수가 없다. 어떤 기생충은 숙주가 자신의 뜻대로 행동하게 하기 위해 그의 뇌에 이상을 일으킨다. 숙주는 마치 자기가 그것을 원하는 양 기생충의 거짓말대로 행동한다. 결국 기생충을 위해 자기가 파멸되는 방법인데도 말이다. 중독자도 이와 비슷한 것이다. 그는 중독이라는 기생충에 감염되어 뇌에 이상이 생긴 사람이다.

하지만 중독이 고통만을 주면 이 핑계는 잘 먹히지 않겠지. 중독자는 바로 그 중독 행동을 할 때만이 자신이 살아있는 것처럼 느끼곤 한다. 중증의 경우 더욱 그렇다. 그는 자신의 희열을 오직 중독 행위에서 느낀다. 그것도 아주 강하게 느낀다.

한 마디로 요약하겠다.

중독자들은 계속 그 중독 행위를 하기 위해 핑계를 댄다. 그리고 그 핑계를 스스로 완전히 믿어 버린다.

그렇다. 중독자는 자기자신에게도 거짓말을 한다.

사람들은 '저게 이제 거짓말까지 한다'라고 말을 하지만 그는 실제로 그렇게 믿고 있다. 자신을 속인 것이건, 중독에 판단력이

흐려진 것이건 간에 그는 진짜로 그렇게 믿고 있다. 그가 거짓말이나 기행을 멈추게하는 유일한 방법은 중독을 끊게 만드는 것이다. 하지만 그게 쉽지 않다. 도박에 빠진 중독자들은 손해를 보면서도, 처음보다 훨씬 더 큰 피해를 입으면서도 중독 행위를 지속한다.

우리는 그렇지 않을까?

이제 하고싶은 말을 해야겠다.

더 솔직히 말하면, 당신이 자꾸만 손해를 보는 비트코인이나 주식이나 기타 과도한 투자 행위를 하는 이유는, 미안하지만 중독 때문일 수도 있는 것이다. 돈을 크게 벌고자, 자꾸 돈을 잃는 행동을 지속하는 것.

중독일 수 있다.

유혹은 필연인가 선택인가

죽음의 왕 하데스는 페르세포네를 납치했다. 하지만 페르세포네는 다시 어머니에게 돌아가고 싶다. 어머니인 대지의 여신에게로 돌아가고 싶다. 페르세포네는 슬퍼하며 식음을 전폐하였다.

페르세포네의 어머니, 대지의 여신도 마찬가지였다. 딸을 잃은 슬픔에 대지를 돌보지 않았다. 땅은 마르고 농작물도 각종 식물도 모두 죽어갔다. 식물이 죽으니 동물들도 죽음을 맞았다. 지구는 엉망이 되어갔다.

보다 못한 신들은 하데스를 설득하였다. 페르세포네를 돌려보내라고. 땅을 회복시킬 수 있는 방법은 그것뿐이라고. 이러다가 모든 생명체가 죽음의 세계로 다 몰려가겠다고.

그러나 페르세포네에게 반한 하데스는 절대 돌려보내고 싶지 않았다. 강압에 못이긴 그는 겉으로는 약속을 한다. 페르세포네를 돌려보내 주겠다고. 그는 페르세포네에게 죽음의 세계에서 난 과실을 조금만 먹으라고 권한다. 그러면 돌려보내주겠다고 말한다. 하데스는 죽음의 세계에서 난 과실 중 가장 먹음직스럽고, 향기롭고, 아름다운 과실을 잔뜩 내밀었다.

페르세포네는 아주 조금만 먹었다.

그러나 페르세포네가 모르는 것이 있었다.

죽음의 음식을 먹은 사람은 영원히 죽음의 나라에서 살아야 한다. 이것은 대지의 여신도, 신들의 왕인 제우스조차 함부로 대하지 못했던 죽음의 법칙이었다.

아무것도 모르던 페르세포네는 영원히 죽음의 나라에서 살게 되었다.

그 과일 한조각 때문에.

- 그리스 신화 중에서

인간은 원체 유혹에 약하다. 이것은 내가 증명할 필요도 없다. 바로 우리 자신을 보면 되니까. 수많은 신화와 설화, 문학 작품에서 인간은 유혹에 여지없이 파괴당한다. 역사도 마찬가로 유혹에 넘어간 사람들을 보여준다. 유혹 때문에 망한 사람이 한 둘인가. 선대의 왕이 전쟁광, 즉 전쟁 중독이 되면 그 나라가 망하거나 후세가 어려워지고, 작은 뇌물에 신세를 망친 사람이며, 꼭 이기고 싫다고 해서 그릇된 수법을 썼다가 된통 당한 사람 등등 유혹은 역사 속 많은 국가와 인생을 망쳐왔다.

중독은 이 유혹과 밀접한 연관성이 있다.

그런데, 우리는 왜 유혹이 우리를 망치게 놔두는가.

그것이 우리의 치명적인 약점을 건드리기 때문이다.

유혹은 다양하게 존재한다. 맛있는 식사, 아름다운 풍경 등에 유혹을 느끼는 것은 대부분 납득한다. 거대한 권력, 자본 등도 그렇다. 그러나 유혹은 타당해보이는 것만 있는 것은 아니다. 예를 들면 자해의 유혹은, 그 유혹을 느끼지 않는 사람은 이해할 수 없는 것이지만, 어떤 사람에게는 지겨운 정신적 고통을 잊는 유일한 수단이라 그것조차 달콤하다. 이미 풍족하게 가진 사람이 절도의 유혹을 느낄 수도 있으며, 자기에게 아무 해도 끼치지 않은 사람에게 살의를 느낄 수도 있는 것이다.

내가 돈이 많고, 이룰 것을 다 이루면 중독에 빠지지 않을 것 같은가. 물론 그럴 확률이 높을 수도 있다. 지킬 것이 많으니까. 하지만 우리가 기억해야할 것은 왕도 중독에 걸렸으며, 대부호였다가 도박으로 전재산을 날린 사람도 있다는 사실이다.

유혹을 이기는 방법은 다양하다. 그런데 빠져나가는 방법은 거의 비슷하다. 그중에서도 가장 추천하고 싶은 방법은 빠르게 도망치는 것이다. 유혹이 일어날 때 그 유혹과 맞서 싸우는 게 아니라, 유혹이 없는 곳으로 이동하는 게 낫다. 아니면 중독이 시작될 것 같은 기분이 들면, 다른 일을 해서라도 어서 빠르게 그 일을 잊는 것이 좋다.

그리고 거듭 말하지만, 성실한 일상 속에서 재미보다는 의미를 찾는 것이 더 중점이 되어야 한다. 그 기쁨과 즐거움은 자잘한 성취와, 행동과, 인내와 기다림 끝에 오는 것이다. 그래야 기쁨이 더 달고 그 기쁨에 중독되지 않는다. (중독에 약한 사람은 기쁨조차 중독되면 집착으로 변한다. 주의해야 한다.) 그 인내의 시간을 버틸 힘을 기르고, 일상을 누리기 위해 노력해보자. 극한의 쾌락이 아닌 당신이 손으로 만질 수 있고, 누릴 수 있고, 너무 과하지 않아도 적당히 만족하고 잊을 수 있는, 당신의 일상 말이다.

중독에 빠진 사람들은 중독에 빠질만한 이유가 많은 사람들이다. 그런데, 중독에 빠질만한 이유가 많다고 해서 빠져도 되는가. 물론 아니다. 요인은 결과를 결정해주는 것이 아니다. 누구나 요인을 가지고 있지만, 그것을 어떻게 해소하느냐는 본인이 정하는 것이다.

인간은 자극에 원체 약하다. 그러나 반면에 금세 익숙해진다. 익숙해질수록 더 강한 자극을 찾다가 인간은 완전히 망가져 버린다. 그래서 진정한 즐거움은 재미를 추구할 때 오는 것이 아니라 절제 속에서 선물처럼 찾아오는 것이다.

현대사회를 사는 우리에게는 누구나 결핍이 있다. 부족해도 결핍을 느끼지만, 과도하게 부어져도 결핍을 느낀다. 비타민 C를 매일 적정량 이상을 먹었을 때, 적정량을 먹어도 결핍 증상이 나타나는 것과 마찬가지이다.

쾌락을 과도하게 누리면 정상적인 상황에서도 결핍을 느낀다. 너무 재미있는 것만 찾다보면, 일상의 기쁨을 이해하기 어렵다. 더 재미있는 것을 찾아야 한다. 그러면서 그 사람은 점점 더 충동적인 사람이 되어가고, 남을 이해하기 보다는 자신의 욕구를 채우기에만 바쁜 사람이 되어간다.

혹시, 당신은 완전히 정상인데, 주변에 바로 이런 사람이 있다면 당신은 대단히 답답할 것이다. 그러나 중독자들을 다그치는 것은 아무런 의미가 없다. 이건 중독이니까 끊어야지, 라고 결심하자마자 바로 끊을 수 있으면 그게 중독이겠나. 끊기 어려우니까 중독이라고 하지.

우리는 어떻게 해야하는가.

당연히 중독에 빠지지 않을 건강한 체질을 만들고, 인생에서 중독이 주는 재미보다 더 중대한 것들을 만들어 나가야 한다.

평생의 희열을
하룻밤에 날린 남자

아라비안 나이트에 보면, 중독자의 심리를 엿볼 수 있는 일화가 하나 있다.

한 남자가 우연히 아주 호화스러운 성에 들어갔다. 그는 이방인이었지만 대단히 환영받았다. 그 궁전에는 40명의 아름다운 여자들이 살고 있었고, 남자는 그가 유일했다. 남자는 매일 밤 상대를 바꾸어가며 잠자리에 들었고, 여인들은 모두 그를 사랑했다.

성은 거대했고, 놀거리가 넘쳐났고, 매일 진수성찬이 차려졌다. 부족한 것이 없었다. 그는 여기서 편안하게 여생을 보내면서 갖은 쾌락을 누릴 수 있었다.

그러던 어느 날, 여인들은 아침부터 마구 울었다.

"대체 무슨 일입니까?"

여인들은 자신들은 사실은 공주들이고, 이제 공주로서 의무를 다하기 위해 40일간 여행을 다녀올 것이라고 했다. 그러나 남자가 40일간 유혹을 이겨낼 수 없을 것이므로, 다시는 자기들을 볼 수 없을 것이라 했다. 그래서 그들은 울고 있었던 것이다.

"그게 대체 무슨 소리입니까?"

여자들은 남자를 위해 재미난 방 40개의 열쇠를 준비해 두었다고 했다. 자신들이 없을 때 심심하니 매일 하나씩 열어보라는 것이었다. 다만, 맨 마지막 방만은 들어가지 말라고 했다. 절대로.

"난 절대 마지막 방을 열지 않을 겁니다. 걱정 마세요."

그의 간곡한 말을 못 들었는지, 여자들은 연신 눈물을 흘렸다. '당신은 그 유혹을 이겨내지 못할 것.'이라면서.

시간이 되어, 공주들은 남자를 남겨두고 떠났다. 과연 그들이 없으니 남자는 대단히 무료하였다. 그들이 주었던 극락 같은 세계가 삽시간에 잠잠해진 듯하였다.

남자는 매일 하루에 하나씩 방문을 열어보았다. 공주들이 그를 위해 준비해둔 세계는 결코 실망스럽지 않았다. 문을 열 때마다 이색적인 공간에 쾌락이 가득했다. 색다른 과일, 색다른 재미, 색다른 재물, 색다른 즐길 거리. 나중에는 금은 보화가 가득 쌓여 있는 정도로는 아무렇지도 않고 거의 관심도 가지 않을 지경이 되었던 것이다. 그렇게 39일간 희열에 빠졌던 남자는 마지막 열쇠를 손에 쥐고 갈등을 겪었다.

공주들과 함께 지낸 40여 일, 그리고 방문을 열면서 지낸 39일 간 남자는 한결같이 쾌락의 극한에 빠져 있었다. 그걸 딱 하루 쉬라고 하니, 견디기가 어려웠다.

결국, 남자는 '방에 들어가지 말라고 했지, 문을 열어보지 말라고 하지는 않았잖아.'라는 생각으로 황금 문을 연다.

문 안에는 그야말로 탐스럽게 생긴 말이 있었다. 안 타고는 못배길 것 같이 멋진 말이었다.

남자는 말을 보자마자 이렇게 생각했다.

'이 말을 타고 공주들을 찾으러 가야지. 그리고 다시 돌아오면 되잖아. 먼데서 날 발견한 공주들도 기뻐할 거야.'

남자는 말을 타기 위해 방에 들어갔다. 그리고 말에 올라탔다.

그는 영원히 그 성에 돌아오지 못했다.

- 아라비안 나이트 중에서

남자는 분명히 알고 있었다. 마지막 방문을 열면 안 된다는 것을. 아니, 더 정확하게 말하면 들어가면 안 된다는 것을. 그러나 그도 알고 있었을 것이다. 방문을 열면 들어갈 수밖에 없다는 것을 말이다. 방문을 연다는 것은, 그 안에 들어가기 위해서니까 말이다. 하지만 앞서 말했듯이, 중독자들은 사고치기 직전까지 자신을 속인다.

그 역시 자신을 속였다. 그는 금지된 방문을 열었다. 39일간 계속된 열락에 그의 뇌는 제 기능을 잃었다. 자제력과 판단력이 마비되어 있었다. 그는 핑계를 찾아서 멸망의 문을 열어버렸다. 문을 연다는 것은 들어가기 위한 것이다. 그는 당연히 문 안으로 들어갔다. 문 안에는 난생 처음보는 멋진 말이 있었다. 그것은 하늘을 날 수 있는 말이었다.

그는 과연 여기서 돌아서서 나갈 수 있었을까? 이론적으로는 여기서 나가면 된다. 하지만 이 유혹을 이긴 인간은 여태 한 명도 없었다. 주인공은 다시 자신을 속인다. 저 안에 있는 멋진 말을 타고, 공주들에게 날아가면 되지 않느냐고. 방문을 열었다는 것 자체가 공주들에 대한 배신인데 뭘 그리 구질구질하게 핑계를 대는지. 어쨌든 그는 말을 탄다.

그 말을 타고 하늘로 날아오른 순간, 기쁨도 잠시였다. 그는 낙마하여 영원히 공주들이 사는 궁전으로 돌아갈 수 없게 되었다.

중독자들의 이상행동

중독자도 마찬가지다. 내가 그러했고, 많은 중독자들 역시 자제력이 부족하다는 비난을 듣기 딱 좋은 행동을 한다.

왜냐. 환자라서 그렇다. 중독은 정신질환이다. 이 질병은 충동을 가져오는 대신 판단력도 의지력도 저 우주 멀리 날려보낸다. 그리고 오직 한 가지만 생각하게 한다. 그것 외의 다른 것은 오직 중독 행위를 하기 위한 핑계에 불과하다. 그는 치료를 받아야 하고, 관리를 받아야 한다.

그 사람이 환자임에도 사람들은 그를 탓한다. 중독 하나만 빼면 완전히 정상인으로 보이기 때문에, 사람들은 정상인처럼 굴지 못한다고 그를 야단치고 비난한다. 그러다가 가족들끼리 크게 싸움이 날 수도 있다. 그에겐 이미 자제력이라곤 남아있지 않아 점점 더 폭력적으로 변해갈 수도 있다.

예전에 레지던트가 만삭의 아내를 살해한 사건이 있었다. 이 남자는 게임 중독이었다. 어린 시절부터 게임에 빠져 있었다고 했다. 전공의 시험이 다가오는데 남자는 새벽까지 게임을 한다. 여자는 답답해서 남자를 나무란다. 하지만 남자는 누가 이 중독에 관해 말하는 게 싫다. 화가 난다. 그는 충동적으로 만삭의 아내를 살해하였다.

그는 아마도 우등생이었을 것이다. 그러나 무언가의 압박으로 인해 그는 게임 중독에 빠졌다. 그래도 수험 기간을 무사히 보내고 의대에 들어갈 수 있었다. 의대에 들어가서도 게임 중독은 고쳐지지 않았다. 심지어 결혼을 하고, 전공의 시험을 목전에 둔 나이에도 그의 중독은 고쳐지지 않았다.

청소년이 게임을 하는 것은 범죄가 아니다. 충분히 그럴 수도 있다. 하지만 그것이 중독이 된 이후에 그대로 내버려 두면 그것은 일상을 완전히 파괴할 수도 있다.

중독이란 아주 가볍게 시작했다 할지라도, 결국 중독자를 더한 중독으로 이끈다. 그러다가 아주 우연한 한순간, 자신의 지위, 행복한 삶, 사랑하는 가족을 순식간에 파괴할 수도 있다.

중독의 모든 원인을 두고 환자 탓을 할 수는 없지만, 책임은 본인이 져야 한다. 아무리 가볍고 일상적인 것일지라도 말이다. 가벼운 중독이 심각한 중독으로 발전하는 것도 그렇고, 심각한 중독으로 자기 인생이 점점 말라 비틀어져가는 것에 대한 책임 말이다.

당신은 사실
자유롭지 못한 것이다

왕은 그 신비한 나라로 들어갔다. 그러나 사람이 아무도 없었다. 색색의 물고기들 뿐이었다. 거기에는 호화로운 궁궐이 있었으나 역시 사람이 없었다. 왕은 궁 안으로 들어갔다.

안에는 밀실이 있었다. 문틈을 들여다보니, 기이한 장면이 있었다. 하반신이 돌로 된 남자가 있었던 것이다. 그는 움직이지 못하고 의자에 앉아 울고 있었다.

곧이어 잔혹하게 생긴 여자가 그에게 다가와 채찍질을 했다. 남자는 비명을 질러댔으나 움직일 수가 없었고, 여자의 손길에는 자비가 없었다. 그렇게 여자는 꼬박 100대나 채찍질을 하고, 욕설을 지껄인 뒤에 사라졌다.

숨어있던 왕 일행은 그 남자에게로 다가갔다.

남자는 자신이 바로 그 신비로운 나라의 왕이라고 말했다. 자신을 매질한 여자는 친척이자 왕비이며, 매일 그에게 와서 채찍질을 한다고 말했다.

일행은 아연실색해졌다.

- 아라비안 나이트 중에서

아라비안 나이트에 나온 이야기이다.

하반신이 돌이 된 남자는 알고 보니 그 나라의 왕이었다.

그를 마구 때리던 여자는 그의 친척이자 아내였다. 아내는 애초에 그를 사랑하지 않았다. 그가 먼 원정에서 돌아온 날이면 아내는 그와 함께 있기 싫어 그에게 수면제를 먹이고 정부에게로 가서 부정을 저질렀다.

왕은 아내의 부정을 알아채고서도 아내를 내치지 않았다. 왕은 아내를 사랑했고, 게다가 친척이었기 때문이다. 대신 왕은 아내의 정부를 죽여버렸다. 그러자 아내는 세상을 다 잃은 사람처럼 분노했다. 왕비는 자신이 왕비로 있는 나라, 자신이 왕족으로 성장한 그 나라를 멸망시키고 모든 국민을 색색의 물고기로 만들어버렸다.

자신을 사랑하고 인내해주던 남편, 친척이자 이 나라의 왕은 저주에 몸을 움직일 수 없게 되었고, 여자의 정부를 죽인 벌로 매일 참혹하게 얻어맞고 있었다.

잔혹한 아내는 왕이 죽인 자신의 정부를 되살리려 매일 애쓰지만, 정부는 죽은 것도 산 것도 아닌 상태였다. 정부는 더이상 눈을 뜨지도 않지만, 부패되지도 않았다. 그는 이상스레 존재하고 있었다.

아라비아의 중독자 나라

나는 이 이야기를 읽으면서 일종의 전율 비슷한 것을 느꼈다. 중독자의 양상과 너무나 비슷하기 때문이었다.

중독자도 이전에는 자기 삶을 잘 꾸려나가던, 자기 나라의 주인이었다. 하지만 이제 그 나라는 멸망했다. 나라가 다시 번성할 수 있으리라고 막연히 믿지만, 그러니까 물고기가 다시 사람이 될 수 있으리라고 막연히 믿고 있지만, 당신은 방법을 알지 못한다. 방법은 오직 마녀인 아내만이 알고 있다. 하지만 아내는 당신에게 그 방법을 알려줄 리가 없다.

정부는 이상한 존재다. 강력한 마법사라고는 하지만, 혼자서는 아무것도 하지 못한다. 그는 별것 아니면서도 나라의 왕보다 더 사랑받는다. 그것도 왕비에게서 말이다. 왕은 그를 죽이지만, 그는 생명체도 아니고 무생물도 아닌 이상한 존재로 남아 위력을 과시한다. 그의 위력이란 다름 아닌 왕비의 애정이다. 가장 강력한 힘을 가진 것은 왕비이며, 그 왕비가 정부를 사랑하는 한, 정부에게는 힘이 있다. 당연히 왕비의 애정이 끝나거나 왕비가 죽는 순간 정부도 완전히 사라지게 된다.

반쯤 죽은 정부는 무엇일까. 그것은 당신에게 중독을 유발하는 중독물질이나 중독 행위이다. 그는 처음에는 왕비를 유혹해서 당신의 명예를 으스러트렸다. 당신이 그를 발견하고 죽이려하자, 아내의 힘으로 당신에게 복수한다. 그는 위대한 마법사라고도 했고, 해롭고도 위험한 인물로 알려져 있지만, 왕비 없이 스스로 할 수 있는 것은 아무것도 없다.

이 이야기에서 가장 강력한 힘을 가진 왕비는 무엇일까. 바로 당신의 행동이자 중독에 오염된 감정 그 자체다. 그녀는 자신이 사랑해야할 왕을 천대하고 싫어한다. 왕에게 다가가지 않는다. 왕의 곁에 있어도 거짓과 가식뿐이다. 당신의 행동은 당신 곁에 있지 않고 중독에게만 달려 가려한다. 그녀는 왕족이자 왕비라는 고귀한 신분을 내버리고 정부에게 종속 된다. 당신의 행동이 주인을 잃어버리고 의도와는 다르게 점점 중독에 빠지면서도 '이정도는 괜찮아.'라면서 당신을 속이는 것처럼.

왕은 의지력이자 중독자 당신이다. 왕은 반격한다. 이상한 중독 때문에 당신의 행동에 제약이 생기고, 당신의 명예와 재산에 문제가 생긴다는 것을 발견하였다. 그래서 정부를 죽인다. 중독을 끊어야겠다고 결심한다. 그러나 왕비, 그러니까 이제는 통제 불가능한 당신의 행동은 정부를 가까스로 반쯤 살려내고 이번엔 왕을 구속한다. 결국 나라 전체를 멸망시켜 버린다. 당신은 중독행동에 무릎을 꿇었다.

왕비는 나라에서 가장 강력한 존재다. 사랑하는 정부를 위해 한 나라를 혼자서 멸망시키기도 한다. 중독자의 '행동'은 이렇게 강렬하게 중독을 위해 모든 것을 바치며, 모든 것을 파괴한다.

왕비는 사실 당신을 사랑해야할 사람, 즉 당신의 행동이다. 그러나 당신의 행동은 당신의 의지를 사랑하지 않고 엉뚱한 중독을 더 사랑한다. 그녀는 당신을 위해 그 무엇도 하지 않고, 거짓말만 하다가 결국 당신을 한 자리에 묶어 둔다. 절대 죽이지는 않는다. 단지 매일 고통스럽게 만들 뿐이다. 중독자 역시 그 자리에서 탈출하고 싶다. 하지만 행동을 제어할 수 없는 그는, 묶인 듯이 절대로 움직일 수가 없다. 중독이라는 저주에서 벗어날 수가 없다.

아내가 숭배하는 것은 오직 하나, 정부의 반쯤 죽은 시신이다. 되살리려 했으나 완전히 되살리지는 못했다. 시체도 아니고 살아있는 사람도 아닌 이상한 존재다. 그는 정당하게 아내의 남편이 되지 못하고, 부정하게 아내를 독차지했다. 하지만 아내는 최선을 다해 그 정부를 사랑한다. 진짜 남편을 괴롭히고 자신의 왕국을 파괴하면서까지 말이다. 중독이란 원래 그런 것이다. 생물도 아니면서 마치 생물처럼 인간의 마음을 지배하려 든다. 중독은 인간이 그것을 실행하기 전까지는 별다른 힘도 없지만, 실행하면 그 사람을 완전히 파멸시킬 수도 있다.

이 이야기에서 가장 중요한 것은 이것이다. '하반신이 돌이 된 왕'. 왕은 절대로 그 자리에서 움직일 수가 없다. 그는 왕이었을 때에는 왕비가 준 약을 먹고 깊은 잠에 빠져 왕비의 부정을 눈치 채지 못하였고, 왕국을 잃은 후에는 하반신이 돌이 되어 움직이지도 못한 채 왕비의 비행을 참아낸다.

왕이 나라를 떠나지 못해 그 자리에 묶여 매일 얻어맞는 것처럼, 중독자는 중독 증상으로 매일 학대 당한다. 자신의 정당한 나라, 즉, 자신의 삶을 제대로 누리지도 못하고, 다스리지도 못한다. 그는 오직 중독 증상에 매여 험한 꼴을 당하며 살고 있다.

당신은 마치 하반신이 돌로 된 왕처럼 생각도 할 수 있고, 손으로 저항할 수도 있을 것이다. 하지만 그 자리에서 탈출하기란 정말이지 어려울 것이다. 당신이 사랑하던 아내, 즉 행동은 당신 편이 아니지만, 당신은 이미 통제력을 잃었다. 당신은 왕국이 망가진 것을 깨닫고 있지만, 언젠가는 되살릴 수 있다고 생각하며 자신은 여전히 왕이라고 믿고 있다.

그게 바로 중독이다.

중독의 시작

옥수수빵은 달렸다. 달릴수록 신이 나고 통쾌했다.

한마디로, 중독성이 있었다.

원래는 노부부의 작은 아이가 먹었어야할 그 빵은

아이의 손에서 탈출하여

계속 달렸다.

달리다보니 신이 났다.

노부부도 제치고 달렸다.

그는 멈추지 않았다. 누구든 이길 수 있을 것 같으니까.

그를 따라잡으려는 모든 인간을 다 제치고

늑대도 곰도 제치고

기고만장해진 옥수수빵은 전능감에 빠져

누구든 자기를 따라잡을 수 없으리라고 믿었다.

옥수수빵은 끊임 없이 자기 자랑을 하면서 달렸다.

"난 누구보다 빠르고 누구든 이길 수 있지."

여우는 옥수수빵에게 물었다.

"뭐라고? 못 들었어"

옥수수빵이 자기 자랑을 하기 위해 주춤거린 순간,

여우는 입을 벌려 옥수수빵의 머리를 물어뜯었다.

- 영국민담 모음집 중에서

중독의 시작은 이 착각 때문

중독에는 두 가지가 있다. 약물에 의한 중독, 그리고 도박, 게임 등의 행위 중독이다.

약물은 익히 알듯이 알코올이나 마약 같은 것이다. 심지어 감기약의 일종에 중독되어 매일 그 약을 먹지 않으면 몸을 가누기가 어려운 사람도 있다. 우리는 약물의 위험성을 잘 알고 있다. 그것이 회생 불가능할 정도로 신체를 망가트리고, 죽음에 이르게 할 수도 있다는 사실을 잘 알고 있다.

그런데 도박, 게임, 주식 등 행위 중독의 위험성은 상대적으로 간과하는 경향이 있다. 그러나 행위 중독자의 뇌를 보면 약물 중독자의 양상과 상당히 유사하다. 뇌가 망가지는 것은 매한가지란 뜻이다.

나는 이 책에서는 행위적인 중독, 특히 도박이 되어버린 주식에 관한 이야기를 하려고 한다. 내가 경험 했었으니까.

사람은 왜 도박에 빠질까. 도박에 빠지면 패가망신한다는 것을 알면서도 사람들은 왜 그 악독한 유혹에 속절없이 쓰러져버릴까. 그 비밀은 시작할 때 우리를 사로잡는 잘못된 판단에 있다.

모든 중독은 대개 이렇게 시작한다.

'나는 언제든지 이것을 중단할 수 있다.'

이 착각 때문에 용감하게 지옥으로 뛰어들 수 있는 것이다. 그러나 그것은 인간의 모든 방어벽을 부숴버릴 수 있을 정도로 치명적이고 유혹적으로 설계된 것이다. 영혼을 좀먹는 악마와도 같이 강력하고 치밀하다. 그러니 당신의 얇팍한 방어막은 별다른 소용이 없을 것이다. 방어막을 견고하게 구축할 정도로 의지가 강한 인간이라면, 시작도 하지 않을 것이다. 아무리 의지가 강해도 유혹이란 지독하게 강력한 것이라는 사실쯤은 잘 알고 있을 테니까 말이다.

또한 인간은 이득보다 손해에 민감하게 반응하기 때문에 중독에 빠진다. 특히 주식이나 도박으로 돈을 잃으면 그 손해가 더욱 치명적으로 느껴진다. 순간의 실수나 아주 작은 요소 때문에 그 돈을 잃은 것처럼 생각해버린다. 그래서 그들은 이렇게 말한다.

'그간의 손실을 만회하고 그만 두어야지.'

그렇게 쉽게 만회할 수 있다면 왜 잃었을까를 생각하지 못하고 그 행위에 집착하는 것. 이게 바로 중독의 시작이다.

주식이라고 불법 도박과 다르리라고 생각하면 오산이다. 도박의 심리가 그대로 주식에 적용된다. 문제는 도박은 불법이지만 주식은 합법이다. 그래서 사람들은 주식을 시작할 때에 거리낌이 없다. 재테크를 하기 위해 주식을 해야한다는 당위성도 가지고 있다. 그러나 주식의 원리는 도박과 다를 바가 없다. 게다가, 주식도 중독이 일어난다.

주식에 중독되어 재산을 날리고, 중독되고, 금단 현상이 일어나지만 끊을 수가 없다. 별의별 핑계를 다 갖다 붙여가면서 주식을 지속한다. 나만의 이야기가 아니다. 생각보다 많은 사람들이 주식으로 재산을 잃었다. 조금 잃었을 때에 그만두지 못한다. 자신이 중독되었다는 사실 조차 알지 못한다.

물론, 주식에 중독되지 않은 채로 건전하게 재테크 용도로만 활용하는 사람들도 있다. 그러나 그것 아는가? 도박도 중독에 빠지지 않고 돈만 버는 전문 도박사들이 있는 것이다. 하지만 그들의 숫자는 대단히 희소하며, 대부분은 도박 중독에 빠지거나, 순간 잘못된 판단으로 재산을 날린다. 주식이 이와 똑같다.

내가 만났던 사람 중 내게 주식에 관해 물어보는 사람들이 꽤 된다. 물론 내 머릿 속에는 여전히 수많은 주식 그래프가 있다. 조언을 하려면 해줄 수도 있다. 그러나 난 주식으로 40억을 잃었던 사람이다. 주식 중독자들의 재미난 점은, 이런 나에게조차 조언을 구한다는 것이다.

'난 중독은 아닌데 재테크로 주식을 해.'라고 운을 뗀 사람은 정말이지 심각한 주식 중독자였다. 자신은 직업인으로서 잘 살고 있고, 주식은 '적당히' 하니까 중독이 아니라고 주장하지만, 그는 이미 과도하게 주식을 하고 있었고, 주식 자금을 벌기 위해 무리를 하고 있었다. 그는 심지어 주식 중독에서 벗어났다는 나에게 주식 정보를 묻곤 하는 것이다.

중독에 빠지면 사람은 깊이 잠들기가 어렵다. 잠을 자도 길게 자지 못할 때가 많다. 집중하기도 어렵고, 예전과 같은 효율을 느끼기도 어렵다. 우울해지고, 분노 조절이 어렵게 되는 예도 있다. 그 행위를 할 때에만 행복하고, 살아있는 것 같다. 그때만 정신이 말똥말똥하다.

하지만 중독자들은 이렇게 말한다. '나이가 드니까, 머리가 영 안 돌아가네. 젊을 때랑 달라.'

집중력이 망가지고, 의욕이 없어 무기력해지고, 불안하거나, 쉽게 화를 내고, 조울증이거나 우울증이다. 이 모든 것이 중독 증상인데도 그들은 담배 탓을 하고, 나이 탓을 하고, 환경 탓을 한다.

그러면서 언제나, 항상 마음 한구석에서는 생각한다. '빨리 집에 가서 그걸 하고 싶다.' 아침에 눈을 뜨자마자 그것이 생각나고 밤에 잠들기 전에도 생각하게 된다.

　그것이 주식이건 주사위 놀이건 게임이건 스포츠토토건 기타 다른 도박이건 간에 그의 마음속에는 중독된 바로 그것이 가장 중요한 것이다.

　이걸 스스로 고칠 수는 없을 것이다.

　머리를 물려 뜯기기 전에는.

새로운 신을 찾아라

너희는 내 앞에서 다른 신을 모시지 못한다. (출 20:3)

성경에서는 '우상'을 엄격하게 금하고 있다. 유일신 이외의 다른 신은 모두 '우상'이라고 명명하며 그 어떤 것도 유일신 앞에 둘 수 없다고 분명히 못박아 두었다.

성경의 등장인물들은 자주 결심한다. 영원히 유일신을 섬기겠다고. 그것은 당연한 것이었다. 유일신보다 더 강한 존재가 세상에 없는데, 왜 유일신을 배반하고 다른 것을 섬기겠는가.

그러나 사람과 신 사이를 이간하는 악마는 사람보다 더 영리했다. 사람들이 신비스러운 것, 복을 주는 신적인 것에 약하던 시절에 악마는 우상의 모습으로 나타나 신의 자리를 대신 차지했다.

그러나 현대에서 그런 것에 약한 사람은 그 수가 확 줄었다. 그래서 악마는 다른 것으로 변신했다. 아침에 일어나자마자 생각나는 것, 가장 많은 열정과 애정을 쏟아 붓는 것, 가장 많은 시간을 보내고 싶은 것, 바로 중독이다.

- 노숙교수(더키) 생각

'신'이란 무엇일까.
'우상'이란 무엇일까.
성경에서 말하는 유일신은 왜 그리 우상을 싫어했을까.

신과 우상

먼저 신에 대해 말해보자.

앞서 말한 것처럼 내가 가장 열중하는 것, 열중해야만 하는 것이 나의 신이다. 항상 사모하고, 나의 기쁨의 근원이고, 내 관심사의 가장 중요하거나 관심사의 전부. 그것은 나의 '신'이어야 한다.

인간은 운이 좋아 선량한 신을 만날 수도 있고, 알 수 없는 이유로 악랄하고 지독한 신을 만날 수도 있다. 그런데 어떤 신을 섬기느냐에 따라 한 번뿐인 인생이 완전히 달라진다. 그것이 당신을 지배할테니까.

그러면 우상이란 무엇일까.

신도 아니면서 신의 자리에 앉아 있는 것, 인간들의 경외와 섬김을 고스란히 훔쳐 가는 것, 인생의 기쁨과 노력과 결실을 엉뚱한 것으로 대체하여 훔쳐 가는 것. 그러나 나의 수고 없이는 스스로 아무 힘도 없는 것, 그것이 바로 우상이다.

여러 신화에서 우상은 종종 '악령'처럼 묘사되곤 한다. 우상에 악령이 깃들 때가 많으니까 말이다. 악령에게 사로잡히면 어떻게 될까. 동서고금을 막론하고 나쁜 신을 만나서 잘 풀린 인간은 별로 없다. 다행히 잘 빠져나오면 겨우 살아남는다. 그러나 빠져나오지 못하면 어떻게 될까. 패가망신하거나 죽을 수도 있다.

현대인에게 '우상'이라는 말은 고대인의 그것과는 다르다. 현대인은 신상을 두고 성스럽다거나, 인간을 뛰어넘는 거대한 힘이 있다고 말하지는 않는다. 그러나 현대인에게는 아주 현실적이며 거센 우상이 있다. 바로 '중독'이라는 악령이다.

중독자는 '중독'이라는 신을 섬기게 된다. 항상 그것만을 생각하고, 그것이 우선순위이며, 그것에서만 기쁨을 누린다. 그것 외에 다른 것에 대해서는 차츰 무감각해진다. 문제는 이 신은 인간을 파괴하기 위해 고안된 가짜 신, 즉 우상이라는 사실이다. 중독에 빠진 사람은 상태가 위독하기 직전까지 자신은 스스로를 지배한다고 생각하지만, 사실은 전혀 그렇지 않다. 그는 중독에 지배당하고 있다. 아주 야금야금 잠식해 들어가기 때문에 인지하지 못하는 것이다. 그렇게 중독은 인생을 좀먹는다.

이것이 바로 '우상'이다. 이 우상에서 벗어나는 방법은 단 하나, 제대로 된 신을 섬기는 것 뿐이다. 우리는 기필코 이 우상에서 벗어나, 내 진짜 인생을 찾아야 한다.

중독은 인간을 지배한다

원래 신이 있어야 할 자리에 엉뚱한 것이 앉아 있는데, 그것을 흔히 '우상'이라고 하며, 종교적 관점에서 보면 바로 '악령'이다. 자신이 신인 척하면서 인간들의 고혈을 빨아대고, 결국 인간과 신을 이간질하여 인생을 망치는 것이다. 그러면서도 인간에게 숭배받으면서 인간을 지배한다.

신기하지 않은가? 중독이 정확하게 그 역할을 하고 있다. 고대인에게 있어 우상이란 악신이었다면, 현대인에게 우상은 바로 중독이다. 고대인들이 소소하게 부적이나 기타 주술을 행하는 도구를 가지고 다니거나, 혹은 성경에서 말하는 사악한 신, 그러니까 '우상'에게 자녀를 죽여서 바치고, 음란한 예배를 했다면 현대인들은 중독에 빠져서 인생을 망치고 있는 것이다. 자신이 지켜나가야 할 찬란한 인생의 길은 저 멀리에 내버려 두고 말이다.

사람은 누구나 자기가 '투자한 것'에서 열매를 거두게 되어 있다. 공부에 시간과 열정을 투자하면 그는 아는 것이 많아지거나, 학위나 자격증 따위를 딸 것이고, 운동에 시간과 열정을 투자하면 그는 건강해지고 멋진 신체를 가지게 될 것이다. 신에게 투자하면 그는 경건하고 맑은 정신을 가지게 될 것이다.

하지만 우상에게 투자하면 그는 원래 가진 것도 빼앗기고, 망가지고, 원래 자신의 신이어야 할 존재에게 버림을 받는 것이다.

2장

빛이 나를 견인한다

무언가에 홀리는 일은 우리 삶에 종종 일어난다. 하지만 우리는
자제력을 발휘하여 그 매혹을 수습한다. 자기에게 유리한 것이면
취하고 불리한 것이면 버리는 것이다.

중독은 다르다. 같은 매혹으로 시작하지만, 그것을 끊을 수가 없
다. 중독자는 갖은 핑계를 대가면서 그것이 자기에게 유리하다고
믿어 버린다. 곧 죽을 위험을 무릅쓰고라도 말이다.

인생의 행복을
규격화할 수 있는가

멋진 차, 아름다운 집, 행복한 가정.

환하게 웃음 짓는 가족들과 깨끗한 공간.

광고에 나오는 가정집은 어쩌면 하나같이

꿈같이 아름답고 유복하다.

평범한 시민이 사는 공간이라고 생각할 수 없을 정도로 고급스럽다.

당연하겠지. 광고가 주는 것은 일종의 허영심과 환상이니까.

흔한 것이면 누가 사겠는가. 갖지 못한 것이어야 사지 않겠나.

그런데, 우리는 이상하게도

그것을 죄다 소유해야 행복한 것이라고 믿어버린 것은 아닐까.

남들이 가진 것을 적당히 가지면 행복할 수 있다고 믿는 것일까.

혹시, 우리는 행복할 수 있는 방법을 몰라 소비할 때에만 행복할 수 있는 것은 아닐까.

그것도 결국 중독의 일종이 되어버릴 수 있는데 말이다.

- 노숙교수(더키) 생각

나는 크게 돈을 벌고 싶어서 주식에 더욱 심하게 빠졌다. 호화찬란한 삶을 살고 싶었다. 정치도 하고 싶었다. 누구나 놀랄만큼 대성하여 금의환향하고 싶었다. 돈을 많이 벌어, 어린 나를 유학이라는 이름으로 먼 서울에 보내놓고 가족과 떨어져 살게 했던 아버지를 이기고 싶었다.

비트코인에, 주식에, 도박에 빠지는 사람들은 나중에는 그 행위 자체를 지속해야 견딜 수 있지만, 초반에는 나처럼 '크게 돈을 벌고 싶어서' 시작하는 예가 꽤 된다.

더 정확하게 말하면, 우리는 한탕하고 싶은 욕망 때문에 도박 중독에 더 쉽게 빠져든다. 적은 돈이라도 손에 쥐면 그 맛을 잊지 못하며, 도박으로 꽤 큰 돈을 손에 쥐면 그 희열을 절대로 잊지 못한다. 잊지 못하는 정도가 아니라 중독에 빠져들기 쉬운 상태가 된다. 당분간은 언제나 항상 그 도박의 순간이 생각날 것이다.

주식이나 비트코인 투자가 이미 심상치 않은 수준까지 다달았다. 이성적으로 투자해서 적당한 수익만을 얻을 수 있다면 좋겠으나, 우리는 분위기에 휩쓸려 투자하고, 어렵게 벌어들인 돈을 잃어버린다. 조금이라도 돈을 얻으면 하루종일 그 투자만 생각한다. 일하면서도 주식을 생각하고, 회의가 길어져서 주식을 제때 팔지 못하면 화가 나고, (그것이 근무시간일지라도) 친구나 애인을 만나서도 비트코인 이야기를 한다. 이런 것은 중독의 전조증상이 될 수 있으니 조심해야 한다.

왜 한탕이 필요한가

그런데, 우리는 왜 한탕을 하고 싶을까.

우리 부모님들은 대개 크게 한탕 벌지 않아도 잘살았는데 말이다. 적당히 살면서 저축하고, 자녀들 키우고, 대출 받아 집도 사고 했다.

문제는, 우리는 부모님들처럼 살기가 조금 어렵다는 사실이다. 일단 집값이 다르다. 부모님들은 좋은 위치에 있는 아파트를 샀지만, 우리 세대는 비슷한 형편이라면 빌라를 사거나 변두리로 가야한다. 아니면 당첨을 노리는 수밖에 없다.

게다가, 우린 고생이 싫다. 지나친 절약도 싫다. 차별도 싫다.

우리는 이미 '행복'과 '인생'의 규격을 정해버렸다. 서울에 있는

브랜드 있는 아파트, 높은 연봉, 나름 인정받는 직업, 여행, 최신형 가전제품, 미식, 취미나 혹은 적당한 소비 등이다. 모든 것엔 돈이 필요하다. 그것도 아주 많이 필요하다. 그래서 가난한데 자식을 낳는 것은 죄악이라고까지 말한다. 처절한 시대다.

이런 기준은 선호하는 배우자의 기준에서도 잘 나타난다. 연봉, 부모님 직업, 학력, 본인 직업, 재산 등이 배우자 선택에 주요 기준이 된다. 그런데, 이런 기준은 다시 보면 우리가 '행복'이라고 규정해 놓은 삶을 함께 꾸려나갈 수 있는 자격 조건을 가진 사람들이 아닌가.

결국 돈이 문제

이런 기준의 가장 큰 문제는 그 저변에 '돈'이 있다는 것이다. 우리는 행복해지려면 돈이 필요하다고 믿는다. 요즘 젊은 세대는 특히 더 그렇다. 어르신들이 성장할 당시에는 누구나 가난했고, 배도 고파보았고, 극한의 가난도 경험해 보았다. 이후 얻는 것들은 전보다 나은 것들이었다.

하지만 지금 세대는 다르다. 그들은 성장하면서 미디어가 주는 환각과 SNS가 심어준 풍요의 환상에 영향을 받았다. 그들에게 절대적으로 필요한 것이 돈이다. 전 세대가 보편적인 가난을 경험했다면, 이 세대는 격차를 경험하면서 성장했다. 돈이 있어야 더 좋은 교육을 받을 수 있고, 더 좋은 집에 살 수 있다.

고급 아파트에 살면 귀족처럼 보호받지만, 상대적으로 가난한 지역에 살면 잠재적 범죄자 취급도 받으며, 거지라는 놀림도 받는다. 어린아이들까지도 말이다. 부유한 집 자녀들은 좋은 교육을 받고 좋은 직장에 취직하지만, 흙수저들은 자칫하면 이런저런 지원을 받지 못한 채로 단지 돈을 벌기 위해 열악한 직장에 들어가기 십상이다. 그 와중에 경제력이 없는 부모까지 봉양해야 한다.

그러나 그들은 성실하게 인생을 계획해야 한다고 배웠고, 자산 관리법도 배웠다. 게다가 이미 다양한 여흥과 인생의 즐거움도 알게 되었고, 미식의 세계도 알게 되었다. 그래서 더더욱 돈이 필요하다.

이것을 두고 이들 탓만 할 수는 없다. 그들에게 그런 환경을 조성해 준 것이 바로 기성세대니까 말이다.

행복을 찾는 다양한 방법

하지만 행복을 찾는 데에는 다양한 방법이 있다.

우선, 아파트가 반드시 필요한가? 그렇지 않다. 아파트는 시설과 구조가 좋고, 빌라는 편의성이 떨어진다는 말도 옛날 말이다. 아파트를 선호하는 이유 중 하나도 그게 금방 돈으로 바뀔 수 있기 때문이다. 많이 쓰는 말로 환금성이 좋기 때문이다. 과거 빌라는 아파트 내부보다 월등 떨어지는 감이 있었지만, 요즘은 그렇지만도 않다. 내부도 비슷하고, 엘리베이터도 있고, 관리도 잘되는 편이고, 내부 정원이나 주차장도 마련되어 있기도 하다. 그런데 아파트보다 훨씬 저렴하다. 하지만 아파트 인기에 훨씬 못 미친다. 아파트는 쉽게 돈으로 바꿀 수 있고, 쉽게 재산이 증식되고, 빌라는 그에 못미친다는 생각이 있기 때문에 더욱 아파트를 선호한다. 그런데, 실제 삶은 그 가격차이만큼 크지는 않다. 아파트 선호도 그 기저에는 돈문제가 깔려 있는 것이다.

또한 다양한 전자제품, 적당한 차와 외식, 해외 여행 등이 우리에겐 꼭 필요하다. 이것도 다 돈이다. 이 문제는 다른 말로하면, 우리가 물질을 소비하는 여가와 취미에만 익숙하다는 뜻이다. 돈 없이도 재미있게 놀 수 있는 방법, 즉 시간소비적인 여가를 보내는 데에 우리는 아주아주 초보적이라는 뜻이다.

우리는 물질소비적인 여흥보다는 시간소비적인 여흥이 필요하다. 그러한 여흥에 무조건적인 발산은 부적절하다. 책도 읽고, 야외 놀이도 하고, 지역 사회에 관심도 갖고, 노래도 부르고, 모임에도 참석하고, 적당한 취미도 갖고, 등산하고, 산책을 하는 것이다. 굳이 고급스러운 장비를 다 갖추지 않고서도 잘 놀 수 있는 취미를 찾아야 한다.

우리가 생각해야 하는 것이 있다. 한참 젊은층들 사이에서 명품이 유행하기 시작할 때, 우리는 그것을 이렇게 분석했다. 명품사

용으로 신분의 차이를 강조하고 싶어한다고. 나는 돈이 많은 사람이라는 것이다. 맞다. 우리는 이웃보다 더 가난하고 싶지가 않다. 남보다 아래에 있기 싫고, 남들이 사는 만큼은 살고 싶다. 그래서 우리는 평생 어마어마한 노력을 기울인다. 남들만큼 살기 위해서.

그러나 이 얼마나 무익한 기준인가. 남들과 비교하면 우리는 영원히 마음의 안정을 얻지 못할 것이다. 뭘 가져도 그보다 더 나은 걸 가진 사람이 있을 테니까. 무엇보다 우리는 각자 다른 개성을 가진 개체이므로 애초에 비교가 불가능한데, 억지로 기준을 정해서 비교하고 있으니 편할 날이 있겠는가.

사회의 역할도 필요하다

행복을 찾는 방법을 개인의 영역에만 맡겨놓을 수는 없다. 산업혁명 시대를 생각해보자. 돈을 가진 자는 무제한으로 벌어도 되고, 자칫 무제한으로 잃을 수도 있었다. 없는 자는 최소한의 삶도 보장받지 못했다. 가난한 집의 딸들은 귀부인이 쓸 모자를 만들다가 비소 중독으로 죽기도 했고, 어린 아이들조차 배움의 기회를 얻지 못하고 노동 전선에 뛰어들어야 했다. 노동자들은 죽어라 일을 해야만 더러운 집에서 너덜한 옷을 입으며 겨우 연명할 수 있었다. 우리나라의 경제 부흥시기에도 희생자들이 있었다. 공장에서 일하다 폐병으로 쓰러져도 별다른 보상을 받지 못하는 예도 있었다. 선거에 참여하려는 여공들에게 오염물을 투척하기도 했다.

극단적인 예를 들긴 했지만, 중요한 것은 사회적인 최소한의 보장이 필요하다는 것이다. 왜 우리에겐 저녁이 있는 삶이 절실하며, 워라벨이 중요한가. 최소한 인간적인 삶을 살기 위해서이다. 내 인생은 산업의 부속처럼만 사용되는 것이 아니기 때문이다. 일도 하지만 내 인생의 가치도 찾고 싶어서이다. 그러나 이것을 각자 개인의 판단에만 맡겨두기는 어렵다. 어느 정도 사회적인 보장이 필요한 것이다.

최소한의 삶. 그것은 사회가 보장해 주어야 하는 것이다. 나이 들어서도, 수입이 없어도 적당히 살 수 있고, 돈이 없는 집에 태어나도 수준 높은 교육을 받을 수 있는 기회가 주어지고, 적당히 교육 받고 혹독하게 일하지 않아도 적정 수준을 유지할 수 있는 사회의 안전장치 등 다양한 삶의 보장이 필요하다. 그러면 우리는 한탕을 노리지 않아도 된다. 주어진 삶에서 열심히만 살아가면 적정선에서는 살아갈 수 있는 정도가 되면, 중독도 한참 더 줄어들 것이라고 나는 확신한다. 고통을 참으면서 어딘가에 골몰하는 것이 아니라, 적정한 휴식을 취하고, 사람을 만나고, 즐거운 일을 하고, 보람된 활동을 하면 중독에 빠질 가능성이 현저히 낮아지니까 말이다.

빚은 빛이 된다

빚쟁이 발을 뻗고 잠을 못 잔다.

빚값에 계집 뺏는다.

빚 물어달라는 자식은 낳지도 마라.

빚 준 상전이요 빚 쓴 종이라.

- 한국 속담 중에서

처음 직업상담사 자격증을 따고, 나는 바로 강의를 해야겠다고 생각했다. 하지만 강의 경력이 전혀 없는 나를 받아주는 곳은 많지 않았다.

나는 이력서 천 통을 돌린다는 마음으로 여기저기 이력서를 넣었다. 그리고 결국 딱 한 자리를 얻어 강의를 하게 되었다.

단번에 스타강사로

나는 최선을 다했다.

전국 합격률이 높지 않던 시절, 내가 가르치던 학생들은 전원 합격을 했다. 당시는 책을 100번을 읽으면 합격한다, 교과서를 다 외우면 합격한다는 등의 자기도 실천하지 못할 기준으로 학생들을 괴롭히던 강사들도 있었던 시절이었다. 그만큼 높은 점수를 내기도, 합격하기도 어려웠다. 그러나 나의 첫 강의처에서 내가 가르치던 학생들은 전원 합격을 했다.

나는 단번에 스타강사가 되어 여기저기 불려 다녔다. 전국으로 강의를 하러 다녔다. 한동안 아침부터 밤늦게까지 강의를 했다. 주말에는 주말반 강의를 했다. 비행기를 타고, ktx를 타고 다니면서 강의를 했다.

진짜로 신이 났다. 내가 일을 해서 돈을 벌 수 있다는 사실이 놀랍고 감사했고, 다시 좋은 가장이 된 것 같아 기뻤다. 그동안 떡 공장에서 종일 중노동을 했더니 그냥 서서 강의하는 것 정도는 꿀같이 쉽고 재미난 직업처럼 느껴졌다.

무엇보다 나는 갚아야 할 빚이 10억이 있었다. 그걸 갚아야 했다. 그러려면 많이 강의해야 했고, 오래도록 강사직을 유지해야 했다.

나는 매일 새벽 4시면 일어나서 기도하고, 출제 경향을 연구하고, 학생들이 쉽게 외울 수 있는 방법을 연구했다. 학원에 다니면서 열정적으로 강의를 했다.

그렇게 열심히 살수록 내겐 보답이 돌아왔다. 결국 빚도 다 갚았고, 꽤 괜찮은 아파트에 당첨되어 가족들과 함께 살고 있으며, 나와 내 가족은 먹고 쓰는 데에 부족함이 없다.

여기서 끝이 아니었다. 나는 높은 합격률을 토대로 수강생들을 많이 모을 수 있는 강사가 되었다. 그 덕분에 직업학교, 대학원 등에서 교수로 임명되어 강의를 하게 되고, 그밖에 다양한 활동을 할 수 있었다.

자서전에 가까운 책을 내면서 신문, 잡지와 인터뷰를 하고, TV에 출연하였다. 그 와중에도 나는 '열심히 강의하는 습관'과, 최대한 열심히 살던 습관이 몸에 배어 있어서 계속 열심히 연구하고, 강의했다.

빚이 나를 견인한다

신나게 일을 하니 바빠서 중독은 더욱 쉽게 잊을 수 있었다. 강의 덕에 재산이 불어나고, 빚을 갚아 나가고, 인정받으면서 나는 강의 자체에 재미가 붙었다. 이렇게 일하면 빚도 완전히 다 갚고 가족들과 행복하게 살 수 있겠다는 희망이 생겼다.

이후로 직업상담사뿐만 아니라 다양한 자격증 강의도 하게 되었다. 모든 강의를 원래 하던 습관대로 열심히 한 결과, 자격증 시장에서 1타 강사가 되었다. 지금은 교육 기업을 설립하여 강의 중이다. 한 마디로 나는 빚이 있어서 열심히 일을 했다. 빚이 있어서 더 열심히 일했더니 내 분야에 전문가가 되었다.

내가 만일, 빚이 없었다면 이렇게 열심히 할 수 있었을까?

열심히 하지 않았다면 지금의 결과가 있었을까?

아니다. 나는 분명히 재테크니 크게 한방이니 헛소리도 많이 하고 다녔을 것이다. 그러다가 저러다가 시간도 허비하고, 돈도 낭비했을 것이다.

그러나 빚을 갚기 위해 그토록 열심히 일해야 했기에 나는 더욱 전문가가 될 수 있었다. 그리고 지금의 삶이 있다. 빚은 나를 더 열심히 살도록 독려해 준 것이나 마찬가지다.

지금 나에게 주어진 것은 '앞으로 더 나은 인생을 살 수 있고, 이 나이에도 더 발전할 수 있는' 일종의 행복 나라 시민권 같은 것이다. 이것은 사업을 한다고 해서 얻어지는 것도 아니고, 한번 대박이 났다고 해서 얻을 수 있는 것도 아니다. 최대한 열정적으로 살았던 삶의 결과물이다.

빚으로 좌절할 필요는 없다

나는 가끔 생각한다.

빚이 있어야 사람은 더 열심히 일한다고.

과도한 빚은 악마처럼 사람을 억누르지만, 자기가 조절할 수 있는 빚은, 그러니까 갚으면서 감당할 수 있는 정도의 빚은 때로 인생의 빛light를 가져다준다고 말이다. 사람이 빛을 만나는 방법은 다양하지만, 나에게는 그게 '빚'이었다.

물론, 일부러 빚지길 권장하진 않는다. 나도 처음에는 그 많은 빚을 감당하기 위해 주식을 해야 한다는 핑계를 대며 더욱 주식 중독에 빠지기도 했다. 그 상황을 회피하고 싶었다. 정신을 차리고서도 빚이 너무 많아서 인권 위원회에 가서 울기도 했다. 내 늙은 아버지는 사랑하는 큰아들의 빚을 갚아주고자 평생 고생해서 모은 재산을 다 날리기도 했다.

빚은 이렇게 파괴적이고도 위험성이 높다.

하지만 빚이 많은 사람도 걱정할 필요는 없다. 그것은 때로 인생의 레버리지 같은 역할을 해낼 수 있기 때문이다. 내 열정의 방아쇠를 당겨주는 것, 조금씩 굴러가던 내 인생을 빠르게 굴러가게 만들어 주는 것, 최소한의 긴장감으로 나를 더욱 튼튼하게 만들어 주는 것. 빚은 그런 것이 될 수도 있다. 어떤 마음을 먹고 어떻게 다루느냐에 따라서 말이다.

물론 빚 자체가 좋은 것은 아니다. 하지만 결심을 하고 앞으로 진격하는 사람에게는 그것조차 도구가 될 수도 있다.

망해가는 사람은 뭘 하건 다 망하는 도구가 된다. 심지어 많은 재산조차 도박중독에 빠지게 되는 핑계가 될 수 있다. 하지만 이제 일어서서 자신의 진짜 삶을 위해 전진하는 사람에게는 빚조차 빛이 된다.

우린 할 수 있다. 우린 누구보다도 더 에너지가 많은 중독자 출신들이니까 말이다.

과도한 희망도
절망도 모두 속임수다

물론, 아버지는 미리 경고했었다.

하지만 하늘을 날아오른 이카로스는 황홀경에 빠져 아버지의 경고를 잊었다.

아버지는 경고는 딱 하나였다.

"너무 높게 날지 말아라. 날개는 촛농으로 만들어져 있어서 그것이 녹아버리면 너는 저 바다로 떨어지게 될 테니까. 너무 낮게 날지도 말아라. 바닷물이 날개에 스며들어, 너는 저 바다로 떨어지게 될 테니까."

아버지는 날개를 만든 사람이라 그 약점을 잘 알고 있었다.

하지만 아들은 아버지의 작업을 유심히 보지 않았다. 그는 이 지루한 지옥에서 탈출하기만을 바랐다. 그리고 드디어, 작전에 성공하여 인류 최초로 하늘을 나는 인간이 되었을 때 아들은 아버지의 경고를 깨끗이 잊었다.

그는 자신이 마치 신이나 님프라도 된 것처럼 느껴졌다. 자신이 살던 지역은 까마득히 멀고 미천한 곳처럼 보였다. 다시는 땅으로 내려갈 필요조차 느끼지 못했다. 말 그대로 황홀경이었다.

그는 그 상태로 모든 것을 잊었다. 가장 중요한 아버지의 충고마저 잊었고 하늘로 높이 높이 날아올랐다.

그리고 멀리 바닥으로 바닥으로 굴러떨어졌다.

-그리스 신화 중에서

나는 중독에서 벗어난 이후 또 다른 중독자들을 상담하고 있다.

앞서 말했듯이, 중독자들은 독특하게도 의사보다는 같은 경험을 가진 사람의 말을, 그러니까 중독을 이겨낸 사람들의 말을 더 신뢰하는 경향이 있다.

나는 한동안 할 수 있는 한 최선을 다해서 중독자들을 상담하였다. 내가 겨우 극복한 사람이기 때문에, 내가 중독 때문에 인생이 다 망가지는 경험을 했기 때문에, 중독에 빠진 사람들을 위해 작은 일이라도 하고 싶었기 때문이다.

그런데 그중에서 한 명이 갑자기 연락이 되지 않았다. 젊은 청년이라 한참 왕성하게 활동할 나이였는데도 도무지 기척이 없었다. 카톡을 보내도 계속 확인하지 않았다.

중독자 중엔 종종 이렇게 의욕이 제로가 되어버리는 사람들이 있고, 이유 없이 가끔 세상과 단절을 해버리는 사람도 있기에 나는 기다리기로 했다. 하지만 걱정도 되었고, 청년의 몇가지 말이 계속 마음에 남았다.

그렇게 기다리던 나를 찾아온 것은, 그 청년의 '연락'이 아니라 '부고'였다.

자살이었다.

희망이 없다는 착각 때문에

그 청년은 평소에 자기 삶에는 더 이상의 희망이 없다고 말하곤 했다. 게임 중독으로 너무 많은 빚을 졌고, 좋은 직업을 가질만한 학벌이 아니라는 것이다. 게다가 앞으로 중독을 끊을 방법도 마땅치 않다고 믿고 있었다.

그는 진심으로 자기 인생에 더는 희망이 없다고 믿어버렸다.

많은 중독자나 자살시도자들이 이와 비슷한 믿음을 가지고 있다. 최악의 상황만을 생각하며 자신에겐 이제는 희망이 없다고 생각하는 것이다.

우리의 희망이라는 것은 어찌 보면 대단히 얼기설기 불안하게 보이기도 한다. 이카로스의 날개처럼 그것은 너무 뜨거운 것에 데이면 녹아버리고, 너무 차가운 것에 닿으면 지나치게 굳어버리는 아주 연약한 것일지도 모른다.

그러나 분명한 것은 희망은 우리를 계속 날게 만든다는 것이다. 가열차게 날갯짓을 하다 보면, 우리는 꿈에도 그리던 목적지에 도달할 수 있다.

하지만 중독자에게 그 날개는 더욱 위험하다. 왜냐. 그는 비정상적인 환락을 경험했기 때문이다. 그는 이미 사고력이 전과 같지 않다. 그가 집중하는 것은 온통 중독된 그 행위나 물질뿐이다. 그는 자신의 안전이고 뭐고 다 잊고 그저 쾌락만을 생각한다. 이카로스가 날개의 약점을 잊고 비행의 쾌락만을 느꼈듯이 말이다.

그러면 당연히, 사전에 자신의 영혼이 경고했던 대로, 희망이라는 날개의 이음새가 헐렁해지기 마련이다. 그러면 우리는 희망을 잃고 전보다 더한 나락으로 떨어진다.

과도한 쾌락, 중독으로 인한 비정상적인 열락은 바로 이런 결과를 가져다준다. 그리고 그 열락은 중독의 대상까지도 잃게 만든다. 도박 중독자에게 더 이상 돈이 없다던가, 알코올 중독자가 술을 마실 자유를 박탈당했다던가 하는 것이다.

그리고 그럴 때 중독자는 이렇게 생각한다.

"더이상 내 인생에 희망은 없다."

이 악랄한 착각 때문에 젊고 아까운 목숨이 바람처럼 사라져버렸다. 통탄할 일이다.

그러나 아무리 강조하고 강조해도 부족하지 않은 사실이 하나 있다. '희망이 없다'라는 것은 전적으로 착각이라는 사실이다.

이것은 너무나 분명하다. 내가 지금 이 문제를 해결할 힘이 없고 해서, 내 인생 전체가 망한 것은 아니다.

누구든 다시 시작할 수 있다. 빛을 제대로 찾으면 다른 인생을 살 수 있다.

어떤 사람은 어릴 때부터 엘리트코스를 밟고, 어떤 사람은 청년 시절에 성공하고, 어떤 사람은 중년 이후에 크게 빛을 보기도 한다. 반면에 어떤 사람은 엘리트 코스만 밟으며 살다가 아주 조금 추락하기도 한다. 그러나 여전히 남들 보기엔 얼마든지 잘 살 수 있는 환경에서 '더는 희망이 없다'라면서 자살을 시도하기도 한다. 반면에 어떤 사람은 극악한 환경을 이겨내고 소박한 행복을 누리기도 한다. 어떤 사람은 이런 저런 과정을 거쳐, 지독한 노력 끝에 대성하기도 한다.

중요한 것은 인생의 변곡점은 지금 현재 시점에서는 다 알기 어렵다는 것이다.

그러니 희망이 있다, 없다는 미래를 알 수 없는 인간이 판단할 수 없는 영역이며, 나의 작은 믿음은 신은 인간을 그리 소홀하게 다루지 않는다는 것이다.

만일 인간을 이 땅에 살게해 준 신이 있다면, 그 신은 사람 하나 하나가 어떻게 살아야할지 미리 계산하고 땅으로 보내주었을 것이다. 대책 없이 죽으라고 땅에 풀어둔 것은 아닐테니까. 미리 먹고 살 것 정도는 준비해 두었겠지. 그러면 무엇이 걱정인가. 우리가 완전히 엇나간 삶을 살지 않는다면, 신이 우리를 책임져줄텐데 말이다.

나 역시 노숙자가 되어 거리에서 굴렀을 때는 내 인생에는 아무것도 남지 않았다고 믿었다. 하지만 그때 다 끝장났다고 생각했던 모든 것을 나는 되찾았다. 오히려 그전보다 더욱 나아졌다. 당시로서는 상상도 못할 일이었다. 어떤 일은 빠르게 일어나기도 했다. 어떤 일은 지난하고 고통스러웠으며, 어떤 일은 신나고 재미있게 진행되기도 했다. 그렇게 나는 회복에 회복을 거듭하며 인생의 의미를 찾았다.

내가 잘나서가 아니다.

우리는 누구나 그렇게 살 수 있다. 왜냐면 그것이 신이 허락한, 당신이 누려야 할 '원래의 삶'이기 때문이다.

상태와 상황을 분간하자

사람은 흔히 '상황'과 '상태'를 분간하지 못한다.

중독된 것은 '상태'이다. 중독으로 인해 재산이나 주변의 신뢰를 잃은 것, 인생을 낭비한 것 등은 '상황'이다.

중요한 것은 상태이다. '상태'가 바뀌면 얼마든지 '상황'을 역전시킬 수 있기 때문이다. 물론, 극악한 상황이 상태를 만들기도 하지만, 상황이라는 것은 얼마든지 바뀔 수 있는 것이다. 인생의 상황은 널뛰듯이 바뀐다. 노력하지 않으면 변하지 않는 것은 우리의 '상태'인 것이다.

서경 태갑편에는 이런 말이 있다.

"하늘이 낸 재앙은 피할 수 있으나, 자기가 내린 재앙은 피할 수 없다."

상황은 이리저리 바뀐다. 우리는 지혜와 선량함으로 그것을 이겨나갈 수 있다. 하지만 태평성대가 되었다고 해서 우리가 게으름을 피워 생긴 재앙은 어쩔 도리가 없는 것이다.

마찬가지로 인생에는 좋은 일도 있고 나쁜 일도 있다. 주변 환경과 상황은 계속 바뀐다. 하지만 내 태도가 바뀌지 않는다면 내 인생도 바뀌지 않는다.

맹자에 이 구절은 두 번이나 반복해서 나온다.

예나 지금이나 사람은 중요한 것을 반복한다.

잊지 말아야 한다.

세 잎 클로버가 흔한 이유

세 잎 클로버는 행복이다. 어디에나 있다.

네 잎 클로버는 행운이다. 아주 드물다.

우리는 네 잎 클로버를 찾기 위해 세 잎 클로버 쯤은

밟고, 뿌리채 뽑아버리기도 한다.

그러니까 인간은

아주 드물게 발견되는 행운을 찾기 위해

어디에나 널려 있는,

가장 소중한 행복들을 짓밟아 버리곤 한다.

그러나 인간에게는 세 잎 클로버가 가장 중요하다.

가족, 친구, 일, 집, 건강과 같은 누구에게나 있지만

없으면 치명적인 그것.

바로 그런 것들이 인간에게 행복감을 준다.

신은 인간에게 행복이 가장 중요하다고 생각했기 때문에

행복의 요소를 이렇게 흔하게 베풀어 준 것이 아닐까.

- 노숙교수(더키) 생각

광기 어린 삶을 마감하게 되는 데에는 몇 가지 단계가 있다. 단계를 거쳐 인간은 성장하고 깨닫고 더 발전해 나간다.

나의 경우, 그 첫 번째 단계는 '자각'이었다.

수원역에서 노숙생활을 하며 노숙자들의 왕초가 되었을 무렵, 그때는 한겨울이었다. 나는 추위를 피해 건물 화장실에서 잠을 청했다.

잠은 오지 않았다. 춥기만 했다. 고통스러우리만치 지독한 추위였다. 화장실 거울로 내 모습을 보았다. 흉측하게 망가진 악귀가 거울 속에 있었다.

거울을 볼 수가 없었다.

나는 화장실 한 칸의 문이 열려있는 것을 보고, 그곳으로 들어갔다. 물론 모든 칸이 다 비어 있었지만, 유독 그 문이 열려있는 것이 왜 그리 신경 쓰였나 모르겠다.

그 안에 들어가서 나는 짧막한 낙서를 하나 발견했다.

세 잎 클로버의 꽃말은 행복이다.

이 한 문장을 읽고 나는 펑펑 울었다. 어머니가 돌아가셔도 나오지 않던 눈물이 쏟아졌다.

세 잎 클로버는 어디에나 있다. 행복은 어디에나 있다.

네 잎 클로버는 행운이다. 아주 드물다. 우리는 네 잎 클로버를, 행운을 찾기 위해 어디에나 널려 있는, 그러나 가장 소중한 행복을 짓밟아 버리곤 한다.

나는 거대한 행운을 찾아다니다가, 주식으로 네 잎 행운의 상한가를 치고, 일확천금을 하여 갑부로 살려고 몸부림치다가 세 잎 행복을 다 밟아버리고 이렇게 노숙자가 되었구나. 좋은 사업체, 착한 아내, 사랑하는 어머니, 귀여운 자식들과 좋은 친구들, 건강한 신체와 정신을 모두 잃었구나. 나는 내가 짓밟아버린 행복의 가치를 그때서야 깨달았다. 행운의 허상도 그때 보았다. 행운으로 인생을 채울 수 있는 것이 아니었다. 인생을 채우는 것은 행복의 요소들이었다.

그렇게 흔하디흔한 세 잎 클로버는 바로 내가 잃어버린 '행복'이었다.

자각이 시작이다

그게 시작이었다. 나는 드디어 '자각'을 했다.

물론, 자각은 고통스러운 것이다. 생각하지 않으면 고통을 상기할 필요도 없고, 그때그때 필요한 것에만 골몰하면 된다. 하지만 그것은 중독 퇴치에 도움이 되진 않는다.

정직하게, 열정적으로 자신의 상황을 파악하고, 깨달아야 한다. 조금씩 부인하는 것은 도움이 되지 않는다. 자칫 병을 깊어지게 할 수도 있다. 인정하고, 받아들여야 한다.

하지만 문제는 그 다음이다.

자각했다고 해서 바로 인생이 달라지진 않는다. 잊고 있던 고통이 밀려와 더욱 무기력해질 수도 있다.

앞서 말했듯이 회복에는 여러 단계가 필요하다. 그러나 시작하지 않으면 다음 단계는 없다. 시작해야 한다. 그 시작이 바로 자각이라는 것이다.

자각은 '깨달음'이다. 당연한 사실을 전에는 깨닫지 못하고 있었다. 가족들을 잃고, 친구를 잃고, 직업을 잃고 재산을 잃으면서도 나는 내가 내 인생을 망치고 있다는 당연한 자각을 하지 못했던 것이다.

'상한가 몇 번만 치면 다 회복된다.'

'주식이 나를 다시 살려줄 거야.'

행운이 주는 환상 때문에 나는 행복을 버리고 그 지옥에서 빠져

나오지 못하고 있었다. 그걸 드디어 깨달은 것이었다.

정신이 들었다. 행운만 쫓던 나는 드디어 행복이 무엇인지, 인생이 무엇인지 깨달았다.

이후로 여러 기회를 만나 드디어 노숙 생활을 접었다. 재활하려고 노력을 했다. 여러번 실패했다. 중독자를 치료해주는 기독교 기관에 입소하기도 하고, 정신병원에 강제 감금되기도 했다.

우여곡절이 정말이지 많았다. 하지만 그 과정과정을 밟으면서 나는 이 징글징글한 중독에 진저리를 치게 되고, 내 인생을 어떻게 회복해야 할지 알게 되었다.

그러다가 결국 중독을 끊고 새 인생을 살게 되었다.

이 모든 과정의 시작은 자각이었다. 자각이 없었으면 이후 과정도 없었을 것이다.

중독이라는 현대의 선악과

여호와 하나님이 창조하신 동물 중에서 뱀이 가장 교활하였다. 뱀이
여자에게 "하나님이 정말 너희에게 동산에 있는 모든 과일을 먹지 말라
고 하셨느냐?" 하고 묻자 여자가 뱀에게 대답하였다. "우리가 동산의 과
일을 먹을 수 있으나 동산 중앙에 있는 과일은 하나님이 '먹지도 말고
만지지도 말아라. 그렇지 않으면 너희가 죽게 될 것이다' 라고 말씀하
셨다." 그때 뱀이 여자에게 "너희는 절대로 죽지 않을 것이다. 하나님이
너희에게 그렇게 말씀하신 것은 너희가 그것을 먹으면 눈이 밝아져서
하나님과 같이 되어 선악을 분별하게 될 것을 하나님이 아셨기 때문이
다" 하고 말하였다. 여자가 그 나무의 과일을 보니 먹음직스럽고 보기에
아름다우며 지혜롭게 할 만큼 탐스럽기도 하였다. 그래서 여자가 그 과

일을 따서 먹고 자기 남편에게 주니 그도 그것을 먹었다. 그러자 갑자기 그들의 눈이 밝아져서 자기들이 벌거벗은 것을 알게 되었다. 그래서 그들은 무화과나무 잎을 엮어서 치마를 만들어 몸을 가렸다.

- 창세기 3:1~7

그리스 신화의 판도라는 단지 호기심 때문에 신들의 계략에 빠져 금지된 상자를 열어버린다. 이 장면은 어찌 보면 고대인들이 여성의 성향에 대해 굉장히 비하하고 있었던 것이 아닌가 하는 의심도 들 정도다.

그러나 성경에 나오는 하와는 좀 더 복잡하다. 남자인 아담도 공범이며, 그것도 그는 하와의 말에 군말 없이 순종하다가 그렇게 되는 것이다. 여성 비하로 보기엔 훨씬 더 복잡한 이면이 있다.

그러면 최초의 여인, 하와는 왜 과일을 먹었을까? 그가 원한 것은 과일이었을까, 과일 이면에 있는 다른 것이었을까?

전능감을 경고하는 창세신화

성경의 창세신화가 보여주는 것은, 중독자의 전능감이다. 전능한 존재는 누구인가. 바로 신이다. 죄의 근원을 탐색하는 이 창세기 기록은 중독자이 왜 우상숭배인지를 말해준다.

하와는 아기와 같은 상태로 이 땅에 널린, 향긋하고 달콤한 과실에 매료되어 있었을 것이다. 남자는 그에게 반해버려 그가 하는 모든 말을 곧이곧대로 들었다. 하지만 아직 여인은 하나님과 긴밀한 관계가 조금은 부족했다. 그런 상태, 가장 약한 상태의 여인을 뱀은 비열하게 공략한다.

뱀이 이브를 공략한 말은 바로 이것이다.

'너희가 눈이 밝아져서 하나님처럼 될 것이다.'

하와는 그 말을 듣고 과일을 보았다. 그 말을 하는 뱀을 보지 않고 과일을 보았다는 것은, 이미 하나님처럼 되고 싶은 욕망에 귀가 솔깃했다는 뜻이다.

과일을 보니 과일은 몹시도 탐스럽게 생겼다. 과연 자신을 하나님처럼 만들어 줄 것같이 보였다. 아름답기도 하고 먹음직스럽기도 하였다. 아마도 그 과일은 지극한 향기를 품고 있었을 것이며, 여성이 좋아할만한 것으로 가득차 있었을 것이다. 그는 감각적인 유혹에 넘어갔고, 하나님이 되고 싶은 욕망에 굴복하였다.

그래서 이브는, 하나님처럼 되는 길을 선택했다. 하나님처럼 되고 싶어서 금지된 과일을 먹었다. 무지가 없는 세계의 지배자, 모든 것을 알고 모든 것을 행할 수 있는 자, 바로, 하나님이 되고 싶었다. 아담도 이브의 말을 듣고 바로 과일을 먹었다. 아담은 하나님과의 약속보다 하와가 더 중요했으며, 그 역시 하나님에게서 벗어나, 자신이 전능한 하나님처럼 되고 싶었던 것이다.

그들은 악마에게 깨끗이 속았다. 그들에게 찾아온 것은 신과 같은 전지전능함이 아니라, 저주받은 삶과 죽음이었다. 자기 죄와 허물에 대한 자각이었다.

중독자의 특징, 전능감

중독자들의 특징은 전능감이다. 유독 중독행위에 골몰할 때만 그렇다. 나역시 이 전능감의 노예였다.

주식으로 무엇이건 할 수 있을 것 같았다. 63빌딩을 사는 것은 당연히 가능하고, 단순히 시간 문제라고 생각했다.

돈을 다 잃은 후에는 위험스럽게도 장기매매를 시도했다. 신장을 하나 팔아서 5천만 원을 벌면 그것을 종자돈으로 그까짓 30억을 회복할 수 있을 것이라고 믿었다. 그때 탄 밀항선이 해경에 잡혀서 망정이지, 그대로 중국에 갔었다면 나는 지금 살아있지도 못할 것이다.

전능감은 중독자의 전매특허다. 그는 중독 행위를 할 때 위대한 자아를 경험한다. 들떠서 무엇이건 할 수 있을 듯한 환상에 빠지는 시점이 중독자에겐 있다. 우월감 내지는 전능감에 빠진다. 이 전능감은 비현실적으로 중독자를 속이고, 그의 인생을 훔쳐간다. 마치 아담과 이브가 낙원에서 쫓겨나게 만든 것처럼.

우리는 여기서 중독이 주는 감정의 본질을 유추할 수 있다. 중독자의 욕망은 전능자가 되려는 욕망, 즉 신이 되고 싶은 욕망이다. 전능감이라는 그 엄청난 착각 뒤에는 중독이 속삭이는 거짓말이 있다. 태곳적 악마, 뱀이 한 말과 똑 닮은 거짓말이.

중독자는 조상 아담처럼 인간의 한계를 벗어나 신이 되고 싶다. 그러나 인간으로서의 본분을 잊은 그는 신의 응징으로 자멸할뿐이다.

또한 많은 신화에서 강조되는 교훈이 있다. 신에게 까불어서 그 결과가 좋은 인간이 별로 없다는 사실이다. 신에게 대든다는 것은 무엇인가. 신과 동등해지고 싶다, 신을 이기고 싶다는 것이다. 더 정확하게 말하면, 우월해지고 전능해지고 싶다는 것이다. 이 욕구는 공통적으로 질기기도 되게 질기다. 중독은 그렇게 고무줄 씹듯이 질기고 역겨운 것이다.

주식을 도박이라고
말한 이유

로마인들은 재산을 기반으로 국력을 키우고

문화를 발전시키는 데에는 문외한이었기 때문에,

농사를 짓지 않는 사람이 부를 축적할 수 있는

최고의 재테크에는

지금과 마찬가지로 부동산 투자나

고리대금이 주류를 이루었다.

당시 과도한 부동산 열풍에 부동산 가격이 하늘로 치솟자

더욱 많은 사람들이 군중 심리로 부동산 투자 대열에

너도나도 뛰어들었다.

로마 본토와 식민지 경제는 이를 계기로 점차 위축되면서
돈이 많이 들어가는 군대를 양성하기가 힘들어졌고,
더 나아가 로마 시민의 생활조차도 점차 열악해졌다.

- 제임스리 저, [돈 : 세계사를 움직인 은밀한 주인공] 중에서

나는 한동안 중독에 관한 강의를 할 기회가 있으면 주식을 절대로 하지 말라고 말하고 다녔다. 주식은 곧 도박이며, 도박은 중독이 되기 마련이라고. 당신이 모르는 사이에 당신도 이미 중독된 것이라고.

이 말은 공감도 얻었지만, 반발도 크게 얻었다. 제정신이냐, 주식을 알고나 하는 말이냐, 주식이 무슨 중독이냐 등등. 하지만 난 그칠 수가 없었다. 주식의 도박성과 중독의 위험성을 잘 알고 있기 때문이다.

물론, 나도 알고 있다. 주식을 정말로 취미로만 하거나, 재테크로 하는 사람들도 있다는 것을. 그런데 누구에겐 취미인 이 주식이 누구에겐 삶을 파괴하는 중독이 된다. 예전에는 괜찮았는데 지금은 주식이 주는 중독에 크게 약해져 있을 수도 있다. 당신이 일생동안 항상 주식 투자로 전혀 손해를 보지 않을 것이라고 누가 장담하겠으며, 중독이 되지 않으리라고 누가 장담할 수 있겠

는가.

그럼 왜 투기는 금기시될까. 예전에는 영부인도 부동산 투기를 한다는 소문이 있을 정도였는데. 실제로 땅 투기를 한 사람들은 큰 부자가 되었는데 말이다.

당연히, 대부분의 투기는 불법이기 때문이다. 게다가 위험성이 높다. 할일도 많은 세상에 왜 잃을 위험이 많은 것을 하는가.

또한 알아야 한다. 정확한 사업 계획과 확실한 안목으로 임하는 것이 아닌 '이거 하나로 대박 낼 거야. 이게 날 살려줄 거야.' 하는 간절한 마음으로 임하는 투기는 곧 중독과 무리한 투자에 빠지게 한다는 사실을, 건강한 시장성을 훼손한다는 사실을 말이다.

과거 펀드매니저끼리는 서로 노름쟁이라고 불렀다는 사실을 독자들은 알고 있는지 궁금하다. 주식의 속성 자체가 도박과 너무나 유사하기 때문에 자조적으로 서로 그렇게 불렀을 수도 있다. 정확하게 계산하고 예측할 수 있는 사업이 아니라, 투기의 속성이 너무나도 강한 것이 바로 주식이다.

그리고 대부분 망한다.

돌고 도는 투기의 역사

투기의 역사는 돌고 돈다. 로마조차 부동산 투기 때문에 망했다는 말이 있다. 국가의 엄청난 재화가 더 건전한 곳으로 투자되어야 하는데 그러지 못했기 때문이다. 개인에게는 막대한 부를 가져오지만 정작 국가의 생산성에는 별다른 도움이 되지 않는 부동산으로만 투자가 몰렸다. 그래서 결국 로마가 망했다는 것이다.

또한 미칠듯한 투기는 요즘에만 있는 것이 아니다. 고대부터 있었다. 로마의 부동산 투기도 그렇거니와 네덜란드의 튤립 투기, 중국의 모란 투기는 유명하다. 생각해 보라. 튤립이 우리 일상에 도움이 되면 얼마나 되겠냐. 모란도 마찬가지지. 그런데 이게 투기 대상이 되었다.

'이거 돈이 된다'라는 생각이 드니 그야말로 투기 광풍이 불어서 너도나도 튤립 구근에 투자했던 것이다. 심각할 때는 튤립 구근 하나가 저택 한 채 값 가까이 오른 적도 있다. 그러나 아시다시피 현재 튤립 구근은 그렇게까지 가치가 있진 않다. 원래, 튤립이 그렇게까지 가치가 있을 만한 물건도 아니다. 집은 인간에게 꼭 필요하지만, 튤립이 설마 집만큼 필요하겠는가.

투기의 대상은 이렇듯 지나고 나면 쓸모없는 것들이 많다. 대개 그렇다. 하지만 그 당시에는 '돈이 된다' 싶으니까 너도나도 몰려들어 거품이 일었던 것이다. 거품은 순식간에 꺼지고, 거기에 투자한 사람들은 전재산을 날리게 되는 것이다. 이런 투기가 심각해지면 국가 경제도 위협한다.

가만히 있으면 잘될 텐데

생쥐 부인은 옆집에 사는 고양이 부인과 친해지고 싶다.

자꾸만 고양이 부인에게 말을 걸고

사소한 일에도, 자신이 결정해야할 일에도

고양이 부인에게 동의를 구하고

고양이 부인과 친한 척하던

생쥐 부인은

고양이 부인에게 자신이 가진 푸딩을 자랑했다.

그게 마지막이었다.

그렇지 않아도 생쥐가 귀찮았던 데다가

식욕이 동한 고양이 부인은

생쥐 부인을 잡아먹었다.

물론 푸딩도 먹었다.

- <영국민담모음집> 중에서

나는 지독할 정도로 중독을 끊지 못했다. 그놈의 주식 중독만 없으면 내 인생이 꽤 괜찮았을 것이다. 물론 80년대, 90년대에 순식간에 30억을 벌지는 못했겠지. 그렇게 많이 번 것은 주식으로만 가능했을 것이다. 하지만 주식으로 그렇게 쉽게 벌 수 있는 시기는 현대사에서 극히 일부였으며, 지극히 위험한 것이었다. 나는 주식으로 번 돈은 주식으로 다 날렸다. 게다가 주식을 하지 않았어도 꽤 괜찮게 살았을 것이다.

주식을 하기 전에 운영하던 사업이 꽤 괜찮았다. 주식을 시작하니, 그렇게 잘되던 사업이 갑자기 시시해 보였다. 그래서 가게 문을 닫고 주식에 몰두했다. 주식으로 가진 것을 모두 다 잃고 나니 직업이 없었다. 그래서 남자 나이 삼십 대 후반에 학습지 교사를 시작했다. 그 일도 나름 잘되었다. 전국 1위 실적을 기록하고, 90년대에 월 1천만 원을 번 것이다.

하지만 나는 싫었다. 나는 강남의 저택에 살아야 하고, 63빌딩을 사야 하고, 내로라하는 사업가가, 정치인사가 되어야 했다. 그렇게 세상을 이기고 싶었다.

하지만 현실은 학습지 교사라니. 너무나 비참했다. 당시 나는 자주 자살을 시도했다. 그냥 죽고 싶었다.

그런데 되돌아보면, 나는 월 1천만 원을 버는 전국 1위 교사였다. 상당히 괜찮게 버는 사람이었고, 사랑하는 가족들과 편히 쉴 집이 있었다. 인생이 그렇게 비참한 사람은 아니었다.

'주식이 나를 대박 나게 해줄 거야.'라고 믿었지만, 사실 주식만 하지 않았어도 나는 돈을 꽤 잘 벌고 나름 괜찮게 살았을 사람이었던 것이다.

비슷한 생각을 가끔 내담자들에게서 발견한다. 남들처럼 어떻게 어떻게 살고 싶은데 현실을 보면 전혀 불가능할 것 같아서 차라리 비트 코인을 한다, 주식을 한다, 차라리 게임을 한다, 술을 마신다는 사람들이다.

우리는 속고 있는 것이다. 인생은 생각보다 살만하다. 서울에서 아파트를 사기 어려우면 경기도 권에 적당히 환경 좋은 빌라를 사도 행복하게 살 수 있다. 고급 승용차를 몰지 않아도 적당한 차를 몰고 다녀도 되고, 수도권에서 산다면 굳이 차가 없어도 대중교통을 이용하면 된다.

그리고 남는 시간에 내 인생을 더 가치가 있고 즐겁게 해줄 일들을 찾으면 되는 것이다. 내 직업에서 가치를 찾고 보람을 찾고, 내 직업으로 남을 도울 일을 찾고, 봉사하고, 취미 활동을 하고, 책을 읽고, 관심사를 공부하고, 취미로 동호회를 하며 사람을 만나고, 나와 생각이 비슷한 사람을 만나 결혼하여 둘이 열심히 사는 것이다.

남들이 얼마나 잘 나가고, 누가 얼마나 좋은 집에서 사는가 등을 신경 쓰지 않으면 그때부터 인생은 꽤 살만하다.

태어나면서부터 먹고 살만큼의 역량은 하늘에서 주어진다고 믿어도 좋다. 대부분 사람이 그만큼의 역량을 가지고 태어난다. 하지만 남들과 비교하거나 자기 일을 제대로 찾지 못하거나 노력을 하지 않거나, 혹은 시간이 지나면서 조금씩 재산이 쌓일 텐데 불안해서 기다리지 못하거나 하면 사람들은 기어이 투기를 하고, 도박을 한다. 이 유혹을 이겨내야 한다.

유혹을 이기기 위해서 정보를 많이 습득해 두어라. 다양한 경험도 해보자. 남들이 좋다고 말하는 것 말고, 내가 진짜 좋아하는 것을 찾아라. '차선책'을 찾아 두어라. 탐색하고 연구해라. 그렇게 내 인생 내가 갈 길을 찾아 나가는 것이다. 안심해도 된다. 의외로 그렇게 많은 돈이 들지 않는다.

3장
부활,
중독에서 빠져 나오는 길

중독에서 빠져 나오면 그 사람은 새로운 세상을 만난다. 이전까지 무채색이었던 세상이 총천연색이 되어 내 시야를 밝힌다.

잠도 더 깊이 자고, 주변 사람들과의 관계도 더 좋아진다.

무엇보다 마음이 편안해진다.

더 성실한 삶을 살 수 있다.

단지 중독만 끊으면 인생이 달라진다.

그러나 이건 쉽지 않다. 중독이 왜 중독이겠는가.

많은 중독이 혼자서 헤쳐 나오기 어려운 것이기도 하다.

나는 이 장에서 중독을 끊는 방법과 사회는 무엇을 해야 하는가를 이야기하고자 한다.

바닥을 치기 전에

너무나 가난해서 식초병에서 살던 비니거 씨는 어느날 우연히 큰 행운을 얻었다.

도둑들이 버리고 간 금은보화를 손에 넣은 것이다.

비니거 씨의 아내는 그 돈으로 소를 사길 바랐다.

앞으로 우유를 짜서 먹고 살자는 것이었다.

비니거 씨는 돈을 모두 들고 가서 소 한 마리를 샀다.

시세보다 과분한 값을 주었다.

걷다가 백파이프를 멋지게 연주하는 사람을 보았다.

아이들이 연주자에게 동전을 던져주는 모습도 보았다.

비니거 씨는 저 멋진 백파이프만 있다면 큰 돈을 벌 수 있을 것이라 생각하고, 소와 백파이프를 바꾸었다.

턱없이 과분한 값을 준 것이다.

그러나 그는 연주법을 잘 몰랐고, 아이들은 동전은 커녕 그에게 돌을 던졌다. 게다가 그 무거운 것을 들고 너무 오래 걷다보니 피로하고 손이 시려웠다.

마침 길을 가던 사람이 장갑을 끼고 있길래, 비니거 씨는 장갑과 백파이프를 바꾸었다.

또다시 과분한 값을 준 것이다.

가다보니 너무 힘들었다.

마침 지팡이를 짚고 지나가는 사람이 있길래 비니거 씨는 장갑과 지팡이를 교환했다.

어디서나 볼 수 있는, 그저 공짜로 주워서 쓰다가 버릴 수도 있을 법한 초라한 지팡이를 가지고 그는 집으로 돌아갔다.

- <영국민담모음집> 중에서

알코올 중독자들은 바닥을 쳐야 회복되기 시작한다고 말들을 한다. 일견 맞는 말이다. 바닥까지 굴러가서는 다시 일어나곤 한다. 많은 중독자들이 그렇게 바닥을 친다.

그런데 그 '바닥'은 누가 정하는가.

남들 보기엔 다 바닥인데 본인은 아니라고 말하는 시점이 있다면, 그것은 아직 바닥이 아니다.

개인적 경험을 말하자면, 가족들은 나를 폐쇄정신병동에 감금하였다. 내버려두면 죽을 지경이었기 때문이다. 거기서 발가벗겨진 채로 사흘간 묶여 있었으며, 죽도록 얻어맞기도 했다. 인권의 사각지대에서 수많은 참상을 목도하기도 했다. 이게 내 인생 최악의 바닥이었다. 거기서 나는 이 지긋지긋한 중독을 끊어야겠다고 정말이지 굳게 결심하였다.

나도 바닥을 치고 결심을 한 것이다.

그 전에도 바닥이었다

그런데 솔직히 말하면, 그 전엔 바닥이 아니었는가?

나는 꽤 괜찮은 사업을 하고 있었다. 주식을 취미로 하면서 그 사업을 계속 영위할 생각은 왜 못했을까? 주식에 골몰하느라 사업을 그만두게 되었을 때, 그때 정신을 차리고 이건 좀 과몰입했구나, 적당히 하자, 라고 생각했다면, 혹은 처음 주식으로 돈을 땄을 때 그만두었더라면 이후의 비극은 없었을 것이다.

나는 이미 그 많던 재산을 다 잃은 적이 있었다. 중간에 그만두었어도 그렇게 다 잃고 빚까지 지진 않았을 것이다. 내가 모았던 돈은 현금으로만 28억 정도였고, 나중에 그 돈을 다 날리고 빚을

진 액수는 10억이었다. 그런데 돈을 모았을 때는 80년대 후반이었으며, 당시 강남 아파트 중에 싼 것은 1억 미만에도 매매가 가능했던 시절이었다. 물론, 이후로 급하게 올라가 버렸지만.

처음으로 돈을 잃었을 때, 10억을 한번에 날렸다. 거기서 멈추었어도 좋았을 것이다. 이렇게 많이 잃었지만, 아직 많이 남아있다고 생각하면 좋았을 것이다. 그리고 지금은 투자 적기가 아니니까 그만두자고 왜 생각을 못했을까.

결국 나는 가진 돈을 다 잃었다. 거기가 이미 바닥이 아니었던가. 거기서 더 내려가서 10억 빚을 졌다. 어떻게든 돈을 마련해 만회하려고 장기매매를 시도하기도 했고, 자살을 7번이나 시도했다. 이쯤이면 충분히 바닥 아닌가?

그래도 정신을 못 차리고, 나는 기어이 노숙 생활까지 경험하였다. 더 바닥을 경험해야 했을까?

그러나 나는 여전히 정신을 차리지 못했다.

노숙자 쉼터에 들어가서 다른 중독자들에게 구박받고, 간밤에 낫으로 공격당하고, 왕따 당하고, 길에서 꽁초를 주워 피워댔다. 그 정도면 바닥이 아닌가?

하지만 나는 여전히 중독자였다.

그리고 생각했다. '한판만 제대로 하면 나는 잃은 것을 다 되찾고 대박 날 거야.'

그러다 결국 가족들이 나를 폐쇄정신병원에 입원을 시켰다. 거기서 인간 이하의 대접을 받고, 늘씬하게 얻어 맞고, 정신병자들 사이에서 지내면서 불면증에 시달렸고, 기타 별의별 일을 다 겪으면서 이를 갈았다. 그때서야 중독을 끊을 마음이 생긴 것이다.

이렇게 계속 바닥으로 내려앉을 동안 나는 무엇을 했을까. 나는 주식으로 입은 손해를 보충하고 싶었다. 손해란 원금 1천만 원이 아니라, 가장 많이 벌었던 때, 시지프스의 산봉우리에 해당하는 현금 28억을 가지고 있었을 때를 기준으로 한다. 거기까지 다시 올라가기 위해 나는 더 많은 것을 잃어야 했다. 주식만 포기하면 잃지 않았을 인생의 소중한 것들도 싹 잊고 주식으로 잃었던 돈을 주식으로 되찾아야겠다는 생각만 하고 있었던 것이다.

혹시라도, 그렇게 돈을 얼마간 회복했으면 나는 중독에서 탈출할 수 있었을까? 천만에. 언젠가는 다시 돈을 잃고, 전보다 더한 나락으로 떨어졌을 것이다.

여기가 바닥이다

중독이 독기 서린 거짓말을 하면, 내 말을 기억하라. 중독자의 미련이 여기는 아직 바닥이 아니라고 거짓말을 하는 것이다. 조금만 더 해보자고 말이다.

더 바닥으로 가지 말자.

그냥 여기가 바닥이다.

빠르게 정신을 차리면 그만큼 고생이 덜하고 회복도 빠르다.

정신을 차리는 비결은 아까도 말했듯이 '자각'이다.

중독을 인정해야 한다. 그리고 버려야 한다. 작은 미련도 포기해야 한다.

당신이 굉장히 좋아하지만 알고 보면 피해만 주는 그 행동, 혹은 술이나 기타 약품은 여기서 멈추고 자각을 하자. 그리고 결심해야 한다. 다시는 하지 않겠다고. 완전히 끊어버리겠다고. 그리고 끊기 위해 최선을 다하겠다고. 치료 방법도 알아보고, 그 치료를 위해 시간과 에너지와 돈을 쓰겠다고, 그래서 다시는 이 중독에 빠지지 않겠다고 결심해야 한다.

물론 내가 결심한다고 해서 갑자기 다 좋아지진 않는다. 회복에는 여러 단계가 있다. 그러나 중요한 것은 '여기가 바닥'임을 선언하고 이제 올라갈 준비를 해야 한다는 것이다.

이제, 그렇게 바닥을 친 중독자들에게 무엇이 필요한지를 이야기해야겠다.

극적 순간을 유지하라

오딘은 치명적인 상처를 입은 채 이드그라실(세계수)에 거꾸로 매달려 있었다. 무려 아흐레였다. 9일간 먹지도 마시지도 못하면서 그는 서서히 죽어가고 있었다.

오딘이 거의 죽게 되었을 때, 그에게 기적이 일어났다. 그가 갑자기 룬 문자의 비밀을 깨달은 것이다. 그 순간, 그는 나무에서 풀려났고, 새로운 힘을 가진 오딘은 세상의 지배자가 되었다.

오딘은 전쟁의 신이었다. 교활하고 잔인했으며, 전사를 사랑했다. 오딘이 세상을 지배하자 세상은 전쟁터가 되고, 곳곳에서 싸움이 일어났다. 오딘은 흡족했다. 오딘의 은혜를 입은 전사는 급박한 전쟁에서도 살아났으며, 오딘에게 버림받은 전사는 죽었다. 오딘을 따르는 전사들은 죽더라도 추앙 받았으며, 여전사 발키리의 은혜로 영원한 축제와 전투를 즐길 수 있게 되었다.

- 북유럽 신화 중에서

중독을 끊은 사람들 이야기를 들어보면 계기는 다양하다. 물론 계기가 과정 전부는 아니지만 말이다.

앞서 말했듯이, 특히 알코올 중독자들은 바닥을 찍은 후에 회복되는 경향이 있다. 물론 회복되는 사람 이야기이고, 회복이 되면 다행이긴 하지만 말이다. 하여튼, 중독자들은 곱게 그 중독을 멈추기가 어려워, 무언가 극단적인 계기가 필요할 때가 많다.

그래서인지 회복된 사람들에게는 대부분 계기가 있다. 중독을 끊어야겠다고 마음을 먹은 계기. 그것이 긍정적인 경험이건 부정적인 경험이건 내 인생을 바꿀 바로 그 결심을 한 계기가.

확신을 얻어

나의 계기는 조금 독특했다. 나는 중독 중에 심각한 중독이어서 솔직히 말하면 스스로 그것을 이겨나갈 방법이 별로 없었다. 옆에서 도와줄 만한 사람도 많지 않았다.

나는 가족들의 믿음도 저버린 채 자꾸만 가족들을 속이고 다시 주식을 하려고 했다. 내가 라파공동체에 다녀온 후 완치되었다고 믿었던 가족들을 뒤로하고 몰래 주식을 시도한 것이다.

앞장에서도 말했었지만, 결국 나는 폐쇄정신병동에 감금되었다. 입소할 때에 반항하고 몸부림 치다가 사흘간 어두운 방에서 홀로 나신으로 묶여서 갖은 치욕을 당하였다. 수치심은 나를 말 잘듣는 짐승으로 만들었다.

사흘간 벌을 받은 이후에도 정신병동에서 지내는 일은 쉽지 않았다. 나는 여전히 중독자였고, 머릿속에서는 갖은 주식 그래프가 떠올랐다. 거기서도 자살을 시도했다가 병원 직원에게 들켜서 죽도록 얻어맞았다. 그 병원에서 무고한 죽음도 보았고, 지독한 인권 말살의 현장도 목격하였다.

그 지독한 삶은 다 중독 때문이었다. 중독이라면 지긋지긋했다. 내 인생이 망가진 것은 주식으로 대박이 나지 않아서가 아니었다. 그냥 주식 중독에 빠져서였다.

나는 퇴원한 후에 자발적으로 중독자 쉼터인 '라파공동체'로 다시 들어갔다. 가족이 있는 집으로 갈 수도 있었지만 중독을 완전히 끊기로 결심했기 때문이었다.

거기서 매일매일 뼈를 다시 맞추는 듯한 고통을 느꼈다. 주식에 대한 남은 미련을 버리는 일은 그렇게 고통스러웠다.

매일 산을 오르내리고, 예배에 참석하고, 상담을 받았다. 잘 믿지도 않던 하나님께 울부짖었다. 제발 나 좀 살려달라고. 이 중독만 끊게 해주시면 내가 그까짓 거 하나님을 믿어 드리겠다고 소리쳤다. 매일 새벽기도에도 참석했다.

그러던 어느 날이었다.

새벽기도를 하고 있는데, 이런 목소리가 들렸다. 귀로 들린 것이 아니라 마음으로 들렸다.

"내가 너를 쳤다. 네 죄가 하도 험악하여서 쳤다. 하지만 내가 너를 고쳐주고 위로해주고 인도해 주겠다. 너뿐만 아니라 네 주변에 평화를 심어주겠다. 내가 너를 평화에 설 수 있도록 만들어 주겠다.

하지만 다시 주식을 한다면 너는 악인이 되어 평생 고통 속에서 요동치게 될 것이다."

이게 꿈이냐 생시냐. 내가 진짜로 미친 것인가?

하지만 너무나 생생하게 들렸다.

놀라서 강대상을 보는데, 목사님이 이렇게 말씀하셨다.

"덕희 형제, 방금 하나님 음성 들으셨어요?"

나는 너무 놀라서 대답도 못 하고 있는데 옆에서 사모님이 대답하셨다.

"저도 들었어요! 하나님이 덕희 형제를 고쳐 주시려나 봐요!"

셋이서 동시에 들은 것이다. 들은 내용도 똑같았다.

내가 워낙 의심이 많고, 기독교에 반감도 많으니 하나님이 확실히 믿으라고 이렇게 셋에게 동시에 말씀하셨나 보다.

나는 그때 확신을 얻었다.

이제 나도 중독을 끊을 수 있게 되리라고.

나 혼자서는 할 수 없지만, 거대한 힘이 나를 도와줄 것이라고.

나는 가족이 있는 집으로 돌아갔다.

집에서도 안일하게 있을 수가 없었다. 마음에는 확신이 있지만, 여전히 주식 현황판은 눈앞에 어른거리고 '한 번만 베팅해 보고 싶다'라는 생각이 불쑥불쑥 솟아올랐다.

목사님은 내게 정신적인 일보다는 육체적 노동을 해보라고 권했다. 그렇게 중독을 잊어보라고. 나는 떡 공장에 취직을 했다. 떡 공장에서 새벽부터 일하면서 정신병원에 꾸준히 다녔다. 충동을 억제하는 약, 중독을 끊을 수 있는 약을 법이 허용하는 선에서 가장 독하게 지어달라고 의사에게 부탁했다. 독한 약을 먹으면서 몸은 중노동을 하면서 나는 견디어내었다.

때로는 수치스러운 일도 있었다.

주말이면 배드민턴 동호회에서 활동하고 있었는데, 그 동호회 회원이 갑자기 내가 일하는 떡 공장에 찾아온 것이다. 거기서 나는 더러운 옷을 입고 그들을 맞았고, 그들에게 떡을 팔았다.

어떤 한겨울에, 동창생이 갑자기 공장에 방문하였다. 기가 막혔다. 그 많은 떡 공장 중 하필이면 여기에 왔냐. 하늘도 무심하시지. 심지어 그 동창 녀석 앞에서 나는 넘어져서 떡고물을 눈발처럼 흩날리며 바닥을 굴렀다.

그 수치를 참아내며 약을 먹으면서 나는 버텼다.

그러다가 다쳐서 더는 무거운 떡판을 들 수 없게 되었다. 떡 공장도 그만두어야 했다. 생계가 막막했다.

기가 막힐 노릇이었다.

이때 아내는 내게 힘이 되어 주었다. 친척들에게 얼마간 돈을 빌려오고, 자기도 일을 해서 생활비를 감당할 테니, 교육을 받아보란 말을 해주었다.

나는 아내의 격려와 담담한 태도에 힘을 얻었다. 그리고 밤에는 택배 상하차 일을 하고, 낮에는 직업상담사 교육을 받았다.

거기서부터 내 인생의 축제는 시작되었다.

나는 자격증을 따자마자 강의처를 알아보려고 이력서를 천 통은 돌렸을 것이다. 포기하지 않고 도전했다. 내가 이력서를 내고 돌아서자마자 이력서를 쓰레기통에 버리는 일도 당했다. 그러다 드디어 작은 강의자리를 얻어, 강의를 할 수 있었다. 그때 내가 가르친 학생들은 전원 합격하였다. 합격률이 미미하던 시절에 획기적인 일이었다. 그때부터 나는 여기저기 강의를 다닐 수 있었고, 나중에는 스타강사로 이름이 나서 대학교수도 될 수 있었다. 현재는 내 사업체를 차려 교육 기업을 운영하는 중이다.

그렇게 일을 하여 나는 빚을 갚고, 새로운 인생을 살 수 있었다.

그 초라한 떡 공장에서조차 일할 수 없게 된 순간, 가장 막막하고 처참한 순간이 바로 내 인생이 다시 꽃피어나는 순간이었다. 그때는 물론 몰랐고, 그 이후에도 큰 노력이 필요했지만 말이다.

떡 공장에서 망가진 것은 허리뿐만이 아니다. 기계 소리에 난청이 되었다. 아예 안 들리는 것은 아니지만, 평균치보다 청력이 낮은 편이다. 이제는 이것도 감사하다. 부족한 신체 덕에 나는 더 겸손을 생각하게 되었고, 싸움에 져본 적 없는 신체를 자랑으로 삼지 않는다. 잘 들리지 않는 귀를 가졌기 때문에 조금 더 주의 깊게 사람들의 이야기를 듣게 되었다. 남이 이야기할 때 집중하게 되었다.

나는 라파공동체에서 하나님의 음성을 들었던 그 순간을 영원히 기억할 것이다. 하나님은 분명 내게 약속하였다. 중독을 끊게 해주겠다고. 전에는 도무지 끊을 수 없었던 그 지옥의 사슬에서 벗어나게 해주겠다고.

또한 나는 항상 기억한다. 다시 주식을 시작하면 멸망이다. 신의 힘으로 겨우 중독을 끊는다해도, 그 중독 행위를 다시 시작하는 것은 나의 선택이다. 신은 내 중독을 끊어줄 수 있지만, 그걸 다시 시작하냐, 그 상태를 유지하느냐는 내게 달려있다.

지금도 나는 연말연시나 특별한 일이 있을 때, 떡을 선물할 일이 있을 때는 내가 일했던 그 떡 공장에서 주문을 한다. 그렇게 매년 나는 추억한다. 가장 고달팠던 시기와 가장 절망스러웠던 순간을. 그러나 그 직후에 찾아와 아직까지 지속되고 있는 내 인생의 황금기를 말이다.

여기까지 말하면 오해가 있을 수도 있겠다. 가장 비참한 그 순간이 지나고 보니 내 인생을 극적으로 전환할 기회를 주었기 때문에, 자칫 독자들이 내가 하고 싶은 말을 오해할 수도 있겠다는 노파심이 생긴다. 예를 들면 '가장 어려운 때에도 낙심하지 말아라.' 정도로 말이다.

물론 그것도 맞는 말이다. 우리는 행복과 불행을 예단할 수 없다. 행운도 불운도 가면을 쓰고 찾아올 때가 많기 때문이다. 그러나 이것은 이 장에서 내가 강조하고 싶은 말은 아니다. 내가 말하고 싶은 것은 딱 한 마디다.

"극적 경험을 유지하고 싶으면 죽도록 노력해야 한다."

중독자들은 대개 중독을 끊어야겠다고 굳게 결심한 순간이 있다. 최악의 바닥일 수도 있고, 온정적인 가족들에게 감동해서일 수도 있고, 자기 인생에 책임을 느껴서일 수도 있다. 어떤 계기였건 그 순간을 유지해야 한다. 흘러가는 시간과 중독 증상에 타협하여 그 순간을 휘발시켜서는 곤란하다. 죽을 힘으로 유지하자.

지속적으로 노력하지 않으면 극적 경험은 촌극이 되어버리고, 당신은 또다시 중독이나 기타 과거의 과오에 빠져버릴 수 있으니까 말이다. 다시 빠진 자는 또다시 건져 내기가 전보다 더 어려운 법이다.

최선을 다해서 성실의 근육을 기르고 의지의 뼈가 굵어지도록 노력하라. 중독 자체에 골몰하지 말고 더 좋은 것들을 생각하라. 그러면서 평생 중독에 대한 경계를 늦추지 마라. 매일 새롭게 노력하라. 중독 행위를 하지 않으려고 노력하는 게 아니라, 더 나은 것을 하려고 노력하라. 효과가 있을 것이다. 그러면 그 극적인 순간은 당신 평생에 유지되어 당신의 자산이 될 것이다.

좋은 토지를 만들어라

당신의 마음 속에는 늑대와 천사가 살고 있어요.

둘이 싸워서 누가 이기느냐에 따라

당신의 성품이, 행동이 달라집니다.

늑대는 장성하면 당신을 악하게 만들고,

결국 당신을 잡아먹을 거예요.

늑대가 당신 인생을 훔쳐가는 꼴이 될 거예요.

하지만 천사가 이기면 당신은 안전해요.

게다가 당신은 그 천사의 성품을 닮아가게 됩니다.

어떻게 하면 천사를 이기게 하느냐고요?

어느 쪽이 자주 이기느냐고요?

그것은 정해져 있지는 않아요.

다만 당신이 평소에 더 많이 선택한 쪽이

훨씬 더 자주 이깁니다.

계속 이긴 쪽은 필연코 주도권을 갖게 되지요.

- 인디언의 우화

우리는 알고 있다. 우리가 이 땅에서 사는 가장 좋은 방법은 우리에게 맞는 환경에서 삶을 건강하게 일구는 것이라는 사실을.

나는 이전 장에서 행복이란 세 잎 클로버와 같다고 말했다. 세 잎 클로버는 어디에나 있다. 행복은 그렇게 흔할 정도로 널려 있다. 우리가 그것의 가치를 발견하면 되는 것이다.

그러나, 이토록 흔한 세 잎 클로버는 때로 말라죽어버린다. 우리가 겨우 찾아낸 행복이 말라죽어버릴 수도 있다. 어지간히 짓밟아도 다시 회복되는 강인한 체질이지만, 속절없이 죽어버릴 때가 있다. 바로 적절한 환경에 처하지 못할 때 그렇다.

생물에게 가장 중요한 것은 무엇인가. 자기 자신에게 가장 잘 맞는 환경에서 서식하는 것이다. 생명 특성의 한계를 벗어나는 환경에서는 죽기 마련이고, 자신의 이상향에 벗어나는 환경에서는 비틀리거나 말라가기 마련이다.

인간도 자기에게 맞는 환경이 필요하다. 그런데, 그런 환경을 찾았으면 그때부터 우리는 성실해야 한다. 꾸준히 그 환경을 가꾸어 나가야 하기 때문이다.

만일 멋진 화단을 갖고 싶다면 매일 꾸준히 그것을 가꾸어야 한다. 잡초를 뽑고, 해충을 박멸하고, 패인 흙을 보수하고, 비료와 물을 주어야 한다. 겨울에는 보온을 위한 조치를 해주고, 때때로 영양제도 주어야 한다. 화초를 정돈하고 새로 심기도 해야한다. 그래야 당신이 그리던 아름다운 화단을 꾸밀 수 있다.

작은 화단도 그러한데 우리 인생이야 오죽할까. 우리는 매일 신경써야 한다. 특히, 우리의 인생이라는 아름다운 화단에 중독이라는 벌레나 잡초가 보이면 우리는 반드시 그것을 제거해야 한다. 그렇지 않으면 결국 화초가 사라지고 당신의 화단엔 잡초만 남게될지도 모른다.

그러니까, 초기에 잡아라

늑대를 언제 억눌러야 할까. 당연히 성장하기 전이다. 아직 약할 때 완전히 억제해야 한다. 중독도 마찬가지다. 만일 당신에게 중독 초기 증상이 보인다면, 중독 외에 당신의 인생을 오랫동안 행복하게 해줄, 보다 본질적인 것들을 찾아야 한다. 예를 들면 더 좋은 인간관계를 위해 동호회에 가입한다거나, 유익한 즐거움을 주는 취미를 가진다거나, 무언가를 배워본다거나, 건전한 종교활동을 하는 것 등이다. 가치있는 것에 시간도 들이고, 실질적인 활동을 해서 당신이 중독행위에 골몰할 수 없도록 만들어라. 무엇보다 인간관계로 당신을 행복하게 만들어라. 그러면 중독을 이길 큰 힘을 얻을 것이다.

당신의 환경이 건강하고 풍요로우면 당신은 중독 걱정일랑 한시름 놓아도 된다. 건강한 환경은 즐겁고, 중독은 본질적으로 고통스럽고 아픈 것이다. 황홀한 재미로 고통을 마취시키지만 속아서는 안된다. 주변에 좋은 것이 많으면 당신은 중독을 선택하지 않을 가능성이 높으며, 더 나은 삶을 영위하기 위해 중독을 포기하기가 훨씬 쉬워진다.

혼자서는
빠져나올 수 없다

예수께서 눈을 들어 우러러 보시고 이르시되 아버지여 내 말을 들으신 것을 감사하나이다

항상 내 말을 들으시는 줄을 내가 알았나이다 그러나 이 말씀 하옵는 것은 둘러선 무리를 위함이니 곧 아버지께서 나를 보내신 것을 그들로 믿게 하려 함이니이다

이 말씀을 하시고 큰 소리로 나사로야 나오라 부르시니

죽은 자가 수족을 베로 동인 채로 나오는데 그 얼굴은 수건에 싸였더라 예수께서 이르시되 풀어 놓아 다니게 하라 하시니라

- 요한복음 11장41~44 중에서 (개역개정)

예수님이 무덤가에 다다랐을 때, 사람들은 통곡하고 있었다.

사람들은 예수가 나사로의 친구였는데도, 왜 나사로를 구하러 오지 않았나 생각하였다. 원망도 하였다.

예수님은 눈물을 흘렸다. 사람들의 고통에 공감한 것이다.

예수님은 나사로에게 무덤에서 나오라고 명령했다.

나사로는 되살아났다.

그러나 나사로의 몸은 온통 베로 감겨있었다. 당시 유대인들이 장사지내는 방법이었나보다.

그것을 혼자서 풀 수가 없었다.

예수님은 사람들에게 그것을 풀어주라 명령하셨다.

그제서야, 나사로는 정상인처럼 행동할 수 있었다.

중독자는 자동 회복되지 않는다

무덤에서 나온 나사로는 새 생명을 얻었다. 하지만 당시 장사지낼 때에는 시신을 천으로 감싸는 풍습이 있었고, 그의 몸을 꽁꽁 묶은 천을 스스로 풀 수가 없었다.

무덤에서 걸어나오는 나사로는 마치 중독에서 회복된 환자와도 같다. 베를 혼자 풀 수 없다. 무슨 뜻이냐면, 중독자가 사회로 걸어나오기까지는 주변의 도움이 절대적으로 필요하다는 말이다. 이건 개인적으로 다 감당할 수 있는 일이 아니고, 사회가 도와야 하는 일이다.

내가 있던 <라파공동체>는 중독자들의 공동체였다. 이곳을 설립한 목사님은 외국에서 중독자들의 공동체를 보고 관련 연구를 하신 분이다. 결론은 중독자들을 위한 공동체가 필요하다는 것이며, 공동체 없이는 중독을 퇴치하기가 어렵다는 것이다.

중독은 혼자만의 문제가 아니다. 혼자서 풀 수 있는 문제도 아니다. 죽은 나사로를 보라. 예수님조차 야, 힘내서 니가 붕대 잘 풀고 돌아다녀라, 라고 말씀하지 않으셨다. 주변 사람들에게 그 붕대를 풀어주라고 말씀하셨다. 그래야 나사로가 잘 돌아다닐 수 있으니까.

중독에 빠진 사람은 이미 에너지가 소진이 되었을 가능성이 높다. 게다가 중독이란 원래 혼자서 빠져나오기 어려운 것이다. 늪에 빠진 사람이 혼자 터벅터벅 걸어서 빠져나올 수 있겠는가? 주변에서 끌어내야 한다.

사회는 무엇을 해야

중독은 인생을 망치기도 하고, 사회의 재화를 쓸모없이 써버리게 하는 악랄한 사회악이다. 사회적으로 반드시 퇴치해야 한다. 그러려면 사회가 중독 면역력과 백신을 가져야 한다.

　중독에 강한 체질을 만들기 위해서는 성장과정이 중요하다. 좋은 성장 환경을 제공하기 위해서 우리나라는 교육제도를 바꾸어야 한다. 우리의 교육은 중독자를 만들기에 적합한 환경이 되어 버렸다. 학생들을 억압한다. 달성해야할 막중한 과제가 있고, 경쟁이 있다. 아이 때는 놀아야 하는데, 제대로 놀지도 못하고 의무에 시달린다. 이런 아이들이 자라서 폭력적이 되고, 친구를 괴롭히고, 공감력도 떨어지고, 중독에 빠지기 쉬운 체질이 될 가능성이 높은 것이다. 그러니, 자라면서 아이들에게 학업이나 기타 과도한 의무를 지게 하는 것은 옳지 않다. 과도하게 어렵거나 양이 많아서도 안된다.

　우리의 학업 체계는 아이들이 다 감당하기 버겁기 짝이 없을 정도로 과도하게 많은 양을 부여해 버린다. 그러나, 더 즐겁게 공부하는 방법, 더 효율적인 학문, 실제 삶에 진짜 필요한 학문, 더욱 실질적인 기술과 인생의 지혜와, 사회 전반을 판단하는 힘과, 선량함을 배우는 과정이 훨씬 더 중요하지 않을까. 그것도 점수를 매기지 않고 아이의 참여를 충분히 유도하는 정도로 말이다.

　부모도 자신이 이루지 못한 소망을 아이에게 투사하지 말고, 자신의 욕망을 아이에게 강요하지 말고, 아이가 좋아하는 일, 아이에게 적합한 일을 스스로 찾고 건강하게 성장하도록 돕는 역할을 해야한다. 그러기 위해 부모 자신도 지속적으로 공부하고 노력해야 한다.

친구와 놀고, 친구들의 감정에 공감하고, 친구와 지속적으로 소통하는 아이는 정서적으로 건강하다. 정서적인 건강은 그 아이가 어떤 상황에 있어도 다시 일어날 수 있는 힘을 준다.

그렇게 아이들을 성장시키면, 다음 세대는 중독에서 훨씬 더 자유로울 것이다.

또한 성인이 된 이후에는 사회적 관리와 재생 노력이 필요하다. 사회적으로 중독자를 관리하는 시스템도 있어야하고, 치료받기가 용이해야 하며, 중독을 치료하는 중에는 의식주에 스트레스를 받지 않고 오직 건강한 사회인이 되는 데에만 골몰할 수 있게 도와주어야 한다. 두겹 줄, 세겹 줄의 시스템을 만들어 그를 끌어 올려야 한다. 단지 돈을 주라는 것이 아니다. 치료가 가능한 환경과 목표와 공동체적 노력이 주어져야 한다는 것이다.

중독자는 마치 재화를 낭비하는 사람처럼 보이지만, 그 사람 자체가 대체 불가능한 재화다. 대체할 수 있는 존재는 세상에 아무도 없다. 한 사람 한 사람의 가치를 중요시하여 그 중독을 끊을 수 있도록 사회가 적극적으로 투자해야 한다. 따라오지 못하는 녀석은 도태되는 것이 당연하다면, 그것은 야만의 세계이지 문명사회가 아니지 않을까. 우리는 중독으로 버려지는 사람들의 안타까운 사연을 듣고, 그들에게 갱생의 길을 허락해야 한다. 적극적으로 그 길을 가도록 도와야 한다.

가족이 도와주어야 할 일

너는 나를 왕처럼 대해주었지. 그래서 내가 진짜 왕이라는 사실을 네게 말해줄 때가 된 것 같다.[2]

- 북유럽 신화 중에서

나는 폐쇄 정신병동에 입원했었다.

내 중독을 고치고 싶었던 가족들과 <라파공동체> 목사님이 나를 억지로 정신병원에 입원시킨 것이다. 목사님의 판단은 옳았다. 그때 감금되지 않았더라면 나는 죽었을 것이다. 그 전에 이

케빈 크로슬리-홀런드, <북유럽신화> 서미석 옮김 현대지성사, p244, 2005

미 6번이나 자살시도를 하였고, 정신병원에 들어가 마지막 자살 시도를 하였으니까. 거기서 나는 인권을 벌레만도 못하게 여기는 현장을 발견하고, 몸소 겪었다. 덕분에 이런 일을 겪게한 중독에 진력이 났다.

내가 <라파공동체>와 정신병원에서 알게된 것은 이것이다. '중독자는 가족들에게조차 버림 받는다.'

그러나 중독자에게는 가족이 절실하게 필요하다. 자신이 독초처럼 가족을 괴롭힌다는 사실을 알면서도 그에겐 가족이 필요하다. 중독을 허용하지 않고 치료를 돕는 가족이 있음으로해서 중독자는 생의 의지를 더 얻을 수 있다.

주변인은 어떻게 해야

주변인들은 중독자가 환자라는 사실을 인지해야 한다. 아픈 사람이 있으면 우리는 보통 동정을 한다. 그가 낫길 바란다. 그가 병에서 회복되지 못하면 안타까워한다. 하지만 유독 중독자에게는 달라서, 병이 낫지 않았을 때 환자 탓을 한다.

그는 환자다. 원래 중독은 끊기 어려운 것이다. 내가 악마의 사슬이라고 표현하지 않았나. 사슬에 묶인 사람이 스스로 탈출할 수 있겠는가. 그는 묶여있는 사람인 것이다. 그러므로 노력을 하지 않았다, 의지가 약하다는 등의 비난은 아무짝에도 쓸모가 없다. 의지력만으로 해결되기 어려운 것이니까 말이다. 제 아무리 옳은 소리라도 탓하고, 야단치고, 비난하는 것은 별 소용이 없을 것이다. 잔소리로 사람이 변하는 것 본적 있는가? 잔소리가 말하는 사람의 화풀이가 되지 않으면 다행이다.

그런데, 무조건 중독자를 지지하고 중독 증상을 다 받아주면 될까? 천만에. 그러면 그는 중독을 절대로 끊지 못할 것이다. 게다가 그 중독증상을 다 받아주고도 심사가 편할 천사같은 가족들이 세상에 어디에 있겠는가? 암이나 우울증에 걸리지 않으면 다행일 것이다. 그러니, 내 말은 중독자의 모든 중독 행위나 행패를 다 받아주어야 한다는 뜻이 아니다. 결코 아니다. 잘못된 행동은 반드시 교정되어야 한다. 중독자의 가족들이 지지해 줄 것은 그가 노력하는 순간이다. 중독을 끊기 위한 여정, 오직 그것만을 지지해야 한다는 뜻이다.

중독자의 가족은 단호해야 한다. 중독을 끊지 않으면 비빌 언덕이 없다는 사실을 명료하게 보여주어야 한다. 중독을 끊겠다는 핑계로 자행하는 만행이 있다면 그것 역시 거절해야 한다. 그러나, 중독을 끊으면 다시 받아줄 수 있는 가족이 있다는 사실을 알려주고, 중독을 끊는 노력 중에는 힘써서 지지해주고, 함께 그 길을 걸어주면 당신의 가족은 중독에서 탈출할 가능성이 훨씬 높아진다.

정리해서 말하면, 중독자에게 필요한 것은 분명한 기준과 함께 그 지난한 과정을 응원해줄 가족이다. 앞서 말했지만, 중독증상으로 인한 피해를 가족들이 고스란히 다 뒤집어쓰면서도 인내하라는 뜻은 아니다. 심각하면 분리도 해야한다. 중독을 고치지 못하면 필연코 분리된다는 것도 인지시켜야 한다. 하지만 중독을 고치면 돌아올 수 있는 환경이 있다면 그는 희망을 얻을 수 있지 않을까. 버림 받았다는 자괴감에 중독이 더 심해지는 것은 막을 수 있지 않을까.

만일 중독자가 새로운 삶을 산다면, 그는 가족에게 더없이 좋은 사람이 되어줄 수 있다. 그의 넘치는 에너지는 가족을 돌보고, 돈을 벌고, 봉사를 하고나서도 남아돌 가능성이 있다. 인생의 목적이 중독 대상이 아니라 가족으로 맞추어지면, 그는 누구보다 헌신적인 사람이 될 가능성이 높은 것이다.

사람은 비슷하다. 거지를 왕처럼 대해주면 그는 주제도 모르고 거지같은 왕이 된다. 그런 사람에게는 희생이 아닌 거래를 해야 한다. 주고 받는 것이 명확하고, 그것이 습관처럼 되어야 한다. 하지만 거지처럼 차려입은 왕을 발견하면, 당신은 조건 없이 그를 왕처럼 대해줄 수 있다. 그러면 그는 당신을 왕비처럼, 혹은 왕처럼 대해줄 것이다.

본인은
무엇을 해야하는가

그리하면 모든 지각에 뛰어난 하나님의 평강이 그리스도 예수 안에서

너희 마음과 생각을 지키시리라

- 빌립보서 4:7 (개역 개정)

과거에 한국 사회에서 대단히 유명한 도둑이었던 분이, 여든이
넘은 나이에 절도로 또다시 체포되었다. 그것도 절도로 출소한
지 얼마되지 않은 때라고 한다.

그가 과거에 언제나 물건을 훔쳤던 것은 아니다. 기독교에 귀의하고, 신앙을 받아들이고, 서울역 노숙자들을 위해 봉사하기도 했다. 하지만 출소한 지 얼마되지 않아 연쇄적으로 절도 행각을 저지르다가 발각되어 또 체포되었다.

나는 이것도 일종의 중독이라고 생각한다. 왜 중독에 빠지는가. 그것은 내 안에 구멍이 있기 때문이다. 채워지지 않는 공간이 있기 때문이다. 갈망하는 것이 있기 때문이다. 이 갈망은 쉽게, 크게 돈을 버는 것이나, 명예, 사랑, 힘, 쾌락을 얻는 것 등등 다양하다.

그렇게 걸려든 중독은 고치고 싶어도 지독하게 달라붙는 거머리처럼 인생의 고혈을 빨아댄다.

끊고 싶다면

중독은 어떻게 끊어야 하는가.

먼저 본인에게 중독을 끊겠다는 결심이 필요하다. 본인이 마음 먹지 않으면 주위에서 무엇을 해주어도 아무것도 해결되지 않는다. 본인의 의지가 전부는 아니지만, 가장 중요하다. 본인이 결심하지 않으면 기적이 일어나지 않는다. 당신의 인생이 달라지지 않는다.

그러나 마음먹은 후 몰려오는 어마어마한, 잡귀 같은 유혹을 혼자서 이겨내기란 어려울 것이다. 이럴 때는 약이 필요하다. 약의

효능을 간과해서는 안된다. 당신이 중독에 빠진 것은 어딘가 아프다는 뜻일 수 있다. 아픈 사람은 약을 먹어야 한다. 도움이 될 것이다.

또한 중독자에게는 적절한 인간관계가 필요하다. 고립되어 있는 사람일수록 중독에 빠지기 쉽다. 인간관계가 풍부하고, 이 세상에 할 일도 많고, 재미난 일도 많은 사람은 좀처럼 중독에 빠지지 않는다. 그래서 중독자에게는 공동체가 꼭 필요한 것이다. 가족들이 도움을 주면 가장 좋겠지만, 그렇지 못한 경우에는 더더욱 공동체가 필요하다.

만일 당신이 중독을 극복했다면, 당신은 다른 중독자들을 도울 수 있을 것이다. 독특하게도 중독 환자들은 의사보다 같은 중독 경험자를 더 신뢰하는 경향이 있다. 같은 경험을 가지고 있고, 그것을 극복한 사람들이라는 것이다. 물론 중독을 이겨낸 사람은 중독 탈출의 노하우를 가지고 있어서, 중독자들에게 실질적 도움이 되는 경우가 많다. 그러니 극복한 후에는 다른 환자를 격려하고 경험을 공유하면서 도울 수 있을 것이다.

에너지가 넘치는 중독자

앞서 말했듯이, 중독자들은 원래 에너지가 많은 사람들이다. 승부욕이 강한 사람도 많다. 그 강력한 에너지가 잘못된 방향으로 쏠려서 지금은 환자인 것이다. 중독자들은 대개 몰두할 수 있는 힘, 지구력과 집중력을 가진 사람들이다. 이런 것들은 인생에서 대단히 좋은 자원이다. 가끔 일중독자들이 초인적으로 열심히 일하는 능력자처럼 보이기도 하지만, 일중독자들 역시 그냥 중독자들이어서 그런 것이다. 다만 다른 사람들보다 에너지가 많고 집중력이 뛰어나, 같은 조건에서도 업무 능력이 높은 것이다.

최종보스는 소리소문 없이 나타난다

그러나 주의해야 할 것이 있다.

게임을 할 때에, '최종보스'라는 것이 있다. 게임을 하는 사람들은 대충 알 것이다. 여러판을 이긴 후에 마지막으로 나타나는 대왕 마귀. 가장 강력하고 죽이기 어렵다. 그러나 그것을 죽이면 엄청난 보상이 있기 때문에, 많은 게이머들이 최종보스를 죽이려고 한다. 그 최종보스를 죽이지 않고서는 더는 진전하지 못한다.

중독에도 이러한 최종보스가 있다.

게임에서는 최종보스가 나타나는 자리가 정해져 있다. 언제나 게임은 인생보다 훨씬 더 쉽다. 하지만 인생이 그렇게 호락호락하던가. 중독에서 만나는 최종보스는 그렇게 대놓고 나타나지 않는다. 아주 살그머니 다가와 발목을 살짝 깨무는, 치명적인 독을 가진 독사와도 같다.

중독에 있어서 최종보스는 중독을 끊은 이후, 어느정도 안정된 삶을 살 때 찾아온다. 그것도 선물같은 모습으로 찾아오기도 한다. 중독자들은 여기에 속는다. 그래서 제 아무리 지난한 과정을 거쳐서 중독을 끊었다고 해도 갑자기 다시 지독한 중독에 빠지게 될 수 있다. 이것은 바로 '딱 한번만', '나도 남들처럼 취미로만 한다'의 유혹이다. 예를 들면, 알코올 중독에서 막 벗어난 사람이 이 1%의 미련을 버리지 못하고, 막걸리 한잔 정도는 괜찮다며 술을 입에 대는 것이다. 99%를 치료했어도 '딱 한번만'이라는 단 1% 때문에 중독이 재발한다.

같은 행동이라도 어떤 사람은 딱 한번만 하고 그만 둘 수도 있고, 어떤 사람은 취미로 가끔만 할 수도 있겠지. 그러나 중독자는 다르다. 한번 손을 대면 그동안 쌓아왔던 노력이 모두 무너지고 만다.

중독자에게는 이 중독 행위가 인생의 희락이고 살아가는 희망이다. 온통 거기에만 신경이 쓰인다. 그러나 중독을 끊고 잘 살아가고 있다고 해서, 그 사람의 중독이 완치된 것은 아니다. 우스개소리로도 '휴덕은 있으나 탈덕은 없다.'[3]라고 하지 않는가. 마치 알러지나 체질처럼 잠시 달랠 수는 있지만 건드리는 순간 확 도지는 질병이 바로 중독이다. 그러니까, 아예 손도 대지 말아야 한다.

조금도 타협하지 않겠다고 굳게 결심하라. 작은 중독도, 혹은 연관 행위도 용납하지 않겠다고 결심하라. 거듭거듭 말하지만 딱

---

3 무언가에 심취하고 골몰하는 행동을 잠시 멈출 수는 있으나, 완전히 탈피할 수는 없다는 뜻.

한번도 안되고 취미도 안된다. 중독물질이나 행동이 있는 곳에 눈길도 주지 마라.

앞서 말했듯이, 중독자는 원래 에너지가 많은 사람이다. 그 에너지를 건전한 곳으로 돌릴 수 있도록 최선을 다해라. 중독 말고, 건전하게 몰두하며, 시선과 에너지를 분산시킬 수 있도록 최대한 노력하라.

인간은 원래 한 가지 영양소만 주구장창 섭취하면 병이 나기 마련이다. 골고루 섭취해야 한다. 마찬가지로 삶의 요소도 다양해야 한다. 한두가지에만 몰두하고 올인해서는 건강하게 살아갈 수가 없다. 다양한 만남, 다양한 관심사, 다양한 작업, 다양한 노력. 모든 것이 성실한 우리 삶을 가꾸어나가는 한 걸음, 한 걸음이다.

최선을 다해 살되, 일할 때 일에 최선을 다하고, 가족과 있을 때에는 가족에게 최선을 다하고, 운동도 하고, 요리도 하고, 집안일도 하고, 어떻게 능률적으로 일할까, 주변을 잘 정리할까 연구도 하고, 유익한 것을 배우기도 하고, 친구도 사귀면서 삶의 균형을 맞추어야 한다. 건강하면 좀처럼 병에 걸리지 않는다. 생활이 건강해지면 중독에도 훨씬 강해질 것이다.

쉼과 즐김의 차이

하나님이 그가 하시던 일을 일곱째 날에 마치시니 그가 하시던 모든 일을 그치고 일곱째 날에 안식하시니라

- 창 2장 2절

현대는 과도하게 능률이 높다. 그러면서도 지나치게 많이 일한다. 하지만 극히 일부를 제외하고는 일에 비해 보수가 많지 않아 보이기도 한다. 그래서 현대인은 더 똑똑해야 하고, 더 많이 일해야 한다.

우리는 습관처럼 '쉬고 싶다'라는 말을 한다. 그런데 나는 궁금하

다. 당신은 쉴 때 무엇을 하는가?

휴일이 되면 무엇을 하고 싶은가?

여행을 가면 어떤 일을 하고 싶은가?

만일, 일주일의 휴가가 주어지면 당신은 어떤 일을 하겠는가?

그 휴가 끝에 워낙 잘 쉬어서 원기왕성한 상태가 되는가?

정말 그런가?

당신은 쉬는 방법을 알고 있는가?

쉬는 것과 노는 것

어쩌면 우리는 쉬는 방법을 모르고 있을지도 모른다.

노는 것은 무엇일까. 재미를 느끼며 활동하는 것이다. 우리는 보통 휴일에 재미있는 일을 하면서 논다. 이것은 휴식이라고 말하기가 어려울 때가 많다. 새로운 피로가 쌓이니까 말이다.

진정한 휴식이란 정지를 뜻한다. 하던 활동을 멈추는 것이다. 그럼, 쉼이란 아무것도 하지 않고 정지된 상태를 뜻하는 것일까? 그런 상태를 지속하는 것은 아픈 사람이나 가능하지 않을까? 당연히 그렇지는 않다. 휴식이란 일의 의무감에서 벗어나 여유를 즐기는 것이다. 놀이도 때로는 쉼이 될 수 있다.

쉼도, 놀이도 좋은 일이다. 하지만 문제는 놀이에, 재미에, 흥미에 지나치게 몰입하다 보면 우리는 중독에 빠져버린다는 것이다.

그래서 우리에겐 제대로된 쉼이 필요하다.

 제대로 된 쉼은 사람을 중독에 빠지게 내버려두지 않는다. 중독은 대개 정서적 구멍에서 기인하는데, 제대로된 쉼은 바로 이 구멍을 채워준다.

 쉼은 특별한 목적을 필요로 하지 않는다. 정지 상태로 여유를 즐기니, 의무감도 별로 없다. 천천히 걸어도 좋고, 음악을 들어도 좋다. 사랑하는 사람과 대화를 나누어도 좋다. 물론, 서핑을 타고 좋고, 극장에 가도 좋다. 장래 계획을 세우며 충족감을 누려도 좋다. 그것이 당신에게 활동이라기 보다는 새롭게 채워지는 시간이라면 말이다.

 휴식을 누리려면 과몰입 해야하는 게임이나, 빡빡한 일정의 여행보다는 산책이나, 쉼을 누리는 여행을 추천한다. 가장 바쁘게 하던 일을 멈추고, 편안하게 정지 상태를 누려 보기를 권한다. 아무것도 하지 않을 수 있는 상태, 즐거운 탐색을 위해 억압 없이 선택할 수 있는 상태, 그 상태 자체를 즐겨라. 그렇게 내면에서부터 에너지를 채운다. 우리는 충족되어야 발산할 수 있는 존재다.

 놀이와 여흥도 물론 필요하겠지만, 그것에 몰두해서는 곤란하다. 쉼 자체를 즐겨야 한다. 이건 연습이 필요하다. 그렇게 새 힘을 얻고, 재생되며, 치료되며, 생각도 정리하는 시간을 얻어보자. 그 시간은 여행이나 놀이로 채워질 수도 있으나 아무것도 하지 않고 쉬는 순간에 훨씬 효율이 높을 것이다.

우리는 특정 활동을 하는 것에 길들여져 왔으며, 가만히 있는 것은 게으름처럼 매도해 왔다. 하지만 당신의 뇌는 휴식 시간에도 활발하게 움직이며 오히려 휴식을 필요로 한다.

쉬어라. 그러면 당신은 더욱 튼튼해지고 유능해질 것이다.

진짜 대박의 비결

나무로 만든 신상을 가진 사람이 있었다.

그는 매일매일 복을 달라고 빌었다.

하지만 목상은 아무것도 해주지 못했다.

그것은 그냥, 아무 힘도 없는 조각상일뿐이었다.

화가 난 사람은 목상을 때려부수었다.

그러자 목상 속에 있던 금덩어리가 드디어 눈에 보였다.

소원대로 갑자기 부자가 된 이 사람은

이상하게도 더욱 화를 냈다.

여태 그렇게 빌어도 소원을 안 들어주더니,

이렇게 욕을 하고 때려야 소원을 들어주다니!

그는 목상에게 욕을 퍼부었다.

- 이솝 우화 중에서

예수의 시대에, 완전히 미친 사람이 있었다. 그는 힘도 초인적으로 세어서 아무도 그를 제어할 수가 없었다. 그는 예수가 누구인지 알아보았다. 왜냐, 그 사람 안에는 수많은 귀신이 있었으니까. 귀신들이 예수를 알아보았다. 그 사람은 자기 의지대로, 자기 신념대로, 자기 욕구대로 산 것이 아니었다. 그 속에 있던 귀신들이 그를 조종하고 괴롭혀 왔던 것이다. 악귀들은 예수가 자기들을 내쫓을 줄 알고 있었다. 그는 예수를 발견하자마자 와서 발 앞에 엎드렸다.

"나를 괴롭게 하지 마소서."

악귀들은 마지막으로 간청한다. 자기들을 무저갱으로 들어가게 하지 말아달라고. 차라리 산에서 무언가를 먹고 있던 돼지에게 들어가게 해달라고 간청한다.

이 이야기의 결과는 어떠했을까. 교회에 다니는 사람들이라면 대충은 알 것이다. 예수는 그 간청을 들어주었고, 악귀들은 사람에게서 나와 돼지떼에게 들어간다. 악귀들이 들어가자마자 돼지들은 이상스레 소리를 지르더니 바닷속으로 뛰어들었다.

원래 귀신이 가득했던, 벌거벗고 무덤 사이에서 살던 그 사람은 드디어 자유를 얻어 정상인으로 살 수 있었다.

가짜 신을 찾아라

앞서 말했지만, 중독은 이 시대의 우상이다. 우상이란 무엇인가. 내가 신이라고 믿고 있는 가짜 신이다. 그 가짜 신을 때려부수면 오히려 좋은 일이 생긴다.

사람들은 언제 우상을 때려 부수는가. 바로 진짜 신을 발견했을 때다. 결국, 중독이라는 악령은 새로운 신을 만나야 해결이 된다. 기독교인들에게 그것은 하나님일 것이고, 어떤 사람에게는 가족일 것이고, 어떤 사람에게는 새로운 직업일 것이다.

다만, 사람에게 모든 것을 걸어버리면, 언젠가는 반드시 실망한다. 사람은 다른 이를 채워줄 수 있는 존재가 아니라 서로 기대어 살아가는 존재이기 때문이다. 게다가 그 어떤 사람도 중독이 중독자에게 주던 전능감과 쾌감을 대신할 수는 없다.

중독은 절대로 다른 사람으로 채워질 수 없다. 결국, 중독자는 새로운 인간이 아닌, 새로운 신을 찾아야 한다. 신만이 그 중독의 자리를 대신할 수 있다. 강력한 전능감, 숭배할만한 위대함, 나에게 주는 무한한 희열과 기쁨. 우리에게는 신이 필요하다. 원래 인간이 잃어버린 낙원이란, 그 신의 자리일지도 모른다. 신이 있어야할 자리에 다른 것을 채워넣으려니 좀처럼 그 자리가 채워지지 않고 우리는 중독에 빠지는 것일지도 모른다. 무엇이건 아무리 좋은 것이라도 중독과 연결되면 나쁜 것이 되어버린다. 그 악랄한 중독에서 벗어나려면 우리에겐 신이 필요하다.

진심으로 말한다.

에너지가 과도하게 넘치고, 툭하면 몰입하는 우리에게는 새로운 신이 필요하다. 그것은 진짜 신일 수도 있고, 내가 좋아하는 일일 수도 있다. 혹은 건강한 나 삶일 수도 있다. 중독을 일으키지 않을 만한 그 어떤 것, 그것을 찾아 내 인생을 되찾길 바란다.

중독 탈출을 위한 마지막 티켓

중독이란 무엇인가. 일종의 정신병이다.

그런데 때로는 이 정신병이 너무나 지독해서 혼자만의 힘으로는 해결할 수가 없을 때가 있다. 그럴 때에는 나보다 더 강하다고 믿어지는 존재, 이까짓 귀신 정도는 한방에 날려버릴 수 있는 존재, 귀신들이 벌벌 떠는 존재에게 의탁하고 싶어진다.

한참 중독 때문에 전재산을 잃고 실의에 빠져 있을 때, 나는 자살을 시도하였다. 무려 7번이나. 그러나 이상할 정도로 자살에 계속 실패했다. 아파트 옥상에서 뛰어내렸는데도 살아남았다. 그러면서 나는 악령이 실제로 있겠다는 생각을 했다.

그때 그렇게 생각했다. 그래. 중독이 강한 영이라면 더 강한 영으로 때려잡으면 된다. 그럼 가장 큰 신이 누구인가? 나는 그것이 하나님이라고 결론지었다. 그 하나님으로부터 약속을 받은 후에서야 나는 그 지독한 중독에서 벗어나 정상적인 삶을 살 수 있었다. 물론 재기하는 과정은 몇년이나 걸렸고, 지난하고 혹독했지만, 또한 약도 먹어가며 중독과 싸웠지만, 결국 나는 내 인생을 되찾았다.

중독을 끊고 싶다면, 자기자신은 너무 약해서 아무것도 할 수 없다고 느껴진다면, 다른 방법을 찾아보자. 더 강력한 무엇의 힘으로 힘을 얻어보자. 다만, 그것은 중독되지 않는 것이어야 한다. 남에게 피해를 주지 않는 것이어야 한다.

사람마다 다를 수 있지만, 나의 경우엔 그것이 신이었다.

엘리베이터보다 계단으로

천국을 상상해본 적이 있는가.

이 세상이 전부가 아니라면, 우리가 물질로 설명할 수 없는 우리의 정신과 감정이 혹시 천국과 닮은 다른 세계로 간다면

나는 천국으로 가는 길을 상상해보고 싶다.

내가 상상한 천국으로 가는 길은 이렇다.

천국으로 올라가는 길에는 계단이 있을 것이다.

육신이 없으니까, 우리는 한결 수월하게 그 계단을 오르면서

과거 일을 하나하나 되새기며 그것을 객관적으로 바라볼 것이다.

그렇게 우리는 반성도 하고 감사도 하면서

하나씩 하나씩 세속의 때를 벗을 것이다.

그러면, 이 땅에서는 많이 다를까?

아니다. 나는 삶이란 지금, 여기, 우리가 사는 이 천국에서

죽어서 가는 저 천국으로 가는 통로라고 생각한다.

우리는 이 땅에서도 매일 계단을 올라가야 한다.

지난 날을 돌아보고 미래로 올라가기 위한 계단을.

한 계단, 한 계단 올라가면서 우리는

근육이 생기고 생각하는 힘이 생긴다.

물론 엘리베이터를 타고 올라가면 쉽다.

그러면 너무 쉽게 목적지에 도달한 죄로 아마도

그것을 유지할 자격도 능력도 없을 것이다.

한탕을 버리자. 그리고 차근차근 올라가며

체력을 기르자.

-노숙교수(더키) 생각

나는 평생 아버지를 이기고 싶었다. 의지가 강하고 생존력이 강하지만, 투박하고 말도 잘 통하지 않던 나의 아버지. 자수성가로 부농이 되셨고, 평생 건강하셨고, 연세가 있어도 여전히 건강한 우리 아버지. 그리고 어린 나를 먼 서울에 보내놓고 떨어져 살게 했던 아버지를 꼭 이기고 싶었다.

나는 아버지 앞에서는 언제나 불편함을 느꼈다. 나이가 들어서도 아버지 말씀에 꼼짝도 못했다. 이런 아버지를 이기는 방법은 무엇일까. 내 생각에 그것은 돈을 많이 버는 것이었다. 아버지보다 훨씬 더 많이 벌고 싶었다. 아버지 앞에서 으스대고 싶었다.

결론은 돈이었다. 돈을 크게 벌고 싶었다.

돈을 벌수록 나는 허영심이 생겼다. 한국에서 최상류층으로 살고 싶다, 정치인이 되어 대성하고 싶다, 아버지를 이기고 싶다 등등 여러가지 생각이 마음에 꽉 찼다. 어쨌든 나는 돈을 크게 벌고 싶었다. 먹고 살고, 집을 살만큼의 돈은 이미 있었지만, 그정도로 만족할 수가 없었다.

한탕하고 싶은 사람은 대개 사기를 당한다. 혹은 나처럼 도박 중독에 빠져버린다. 그 도박의 종류가 주식이나 코인처럼 합법적인 것이라도 중독되고 망하긴 마찬가지다. 나역시 속절없이 중독에 빠져 그나마 모아둔 재산도 다 날리고, 인생을 허비하였다.

우리는 삶에서 갑자기 즐거워지는 것과, 갑자기 잘되는 것을 경계해야한다. 초년에 연예인으로 반짝 성공했다가, 나이 들어 연예계에 발을 붙이지 못하자 중년 이후에 고생하는 사람들의 이야기를 우리는 종종 전해 듣는다. 다른 사람들의 인생도 다르지 않다. 사람은 조금씩 배워가며 살아야 한다.

나는 이것을 두고 계단 오르기라고 말하고 싶다. 인생의 계단을 오르는 것은 결코 쉽지 않다. 매일매일 일을 해야하고, 까다로

운사람들과 상대해야 한다. 엘리베이터를 타면 빠른 속력으로 올라갔다가 더 빠른 속력으로 추락할 위험이 있다. 우리는 한걸음씩 계단을 올라가야 한다. 그렇게 올라가면서 목적지에 도달했을 때, 그것을 유지할 힘을 기르는 것이다.

이 땅을 만든 신이 있다면, 그는 대단히 성실한 존재일 것이다. 매일 아침 태양은 떠오르고, 지구는 끊임 없이 자전과 공전을 한다. 바람은 불고, 바다는 그 자리에서 수많은 생명을 품고 오염을 정화한다. 우리도 이 땅에 사는 이상 매일매일 열심히, 또한 즐겁게 이 땅을 밟고, 근육을 키워야 한다.

그렇게 한걸음 한걸음 올라가는 것에 보람을 느끼면, 우리는 이 세상이 낙원같다고 느껴지는 순간을 맞이하게 된다. 매순간 낙원은 아니지만, 자잘한 문제는 계속 일어나지만, 그 문제를 해결하며 더욱 위로, 위로 올라가 성장할 수 있는 그런 낙원. 언젠가 이 낙원에서 떠나 절대적으로 영원한 낙원에 다다를 때까지 머무를, 우리들의 낙원.

낙원으로 올라가는 엘리베이터는 없다. 매순간 계단을 올라가야 한다. 그러니 대박 같은 것에 골몰하지 말고, 이 순간, 지금 이 현실에 만족하며 충실하게 살아가야 겠다고 나는 오늘도 결심한다.

에필로그

엔키, 풍요의 신, 확고한 결정을 내리는 신,

나라의 지혜와 혜안의 신,

신들의 명수,

지혜를 위해 선택된 에리두의 신엔키는,

그들의 입에서 나오는 말을 바꾸리라

그가 그렇게 했다.

그렇게 되었지만 인간의 말은 진실로 하나였다.

- <엔미르카르아 아랏타의 주 135~155행)[4]

---

4 김신혜, <최초의 신화 길가메쉬 서사시>, 휴머니스트출판그룹, p27

나는 매일 새벽 4시에 눈을 뜬다.

새벽 기도를 하고, 커피 한 잔을 마시면서 창을 내다본다. 그 시간에는 항상 떠오르는 태양을 볼 수 있다. 태곳적부터 지치지도 않고 지겨워하지도 않고 매일매일 성실하게 떠오르는 태양. 오늘 하루도 열정적으로 불타오르라고, 지켜보고 있노라고, 그리고 나를 지켜 주겠노라고 약속하는 태양. 이 태양을 나는 겨울에는 따뜻하고, 여름에는 시원한 집안에서 바라본다.

덕분에 매일 아침 되새기게 되는 장면이 있다.

예전에 노숙하면서 매일 지긋지긋하게 바라보던 시린 태양, 소주에 취한 채 여전히 주식 현황판을 떠올리며 바라보던 흐릿한 태양이다.

그리고 불면증에, 생사람을 얼어 죽게 하는 그 지독한 추위에, 짐승 같던 마음을 기억한다.

다시 주위를 둘러본다.

나는 현재 가족들과 함께 안락한 집에서 살고 있고, 오늘 하루 할 일이 있다. 열심히 강의하고 책을 쓴다. 끼니 때마다 먹고 싶은 것을 먹는다. 사람을 만나도 거리낄 것이 없고, 이제 누구를 만나서 얻어먹지 않아도 된다. 가급적 내가 사준다. 좋은 일에는 조금 더 많이 써도 되고, 봉사도 할 수 있다.

취미 생활도 하고 있다. 밭을 하나 가꾸고 있어서, 시간이 나면 가서 상추도 심고 배추도 심어 수확한다. 취미로 하는 일이지만,

농작물이 자라는 것을 보면 나는 기쁨과 만족감에 젖어든다.

무엇보다 정신이 맑다. 맑은 정신으로 약간 배고프게 사는 것과 흐리멍덩한 정신으로 항상 배부르게 먹는 것 중 하나를 택하라면 나는 당연히 맑은 정신으로 사는 것을 택하겠다.

쉽게 억대의 돈을 벌던 과거에 겉으로 나는 승승장구하는 것 같았고, 앞으로 더 잘될 것 같은 전능감에 빠져 있었다. 하지만 지금 회상해보면 그때는 정말이지 지옥에 빠져 있었던 때다. 왜냐면 나는 욕망과 되먹지 못한 환상에 허우적거리고 있었으므로. 주식 중독에 빠져 건강한 정신을 훼손하고 있었으므로. 아무리 현금이 많아도 그것은 악마의 미끼에 불과했으므로. 영원히 저주받은 시지프스처럼 순간의 쾌락을 위해 나는 매일 중노동과 같은 지겨운 중독 행위를 반복해야 했으므로.

이제 나는 중독에서 벗어나 진짜 내 인생을 살고있다. 그러므로 다시는 중독에 빠지지 않고 싶다. 돈은 진짜 내 인생을 되찾은 뒤에 오히려 더욱 순탄하게 들어오고 있다. 주식이 아니라 내 적성에 맞는 일을 해서다.

매일 떠오르는 태양처럼 나는 매일매일 새로운 희망을 품을 것이다. 오늘보다 아름다운 내일, 오늘도 낙원이지만 내일은 더더욱 낙원에 가까운 삶.

나는 겨우 찾은 신과 함께 좌로 치우치면 불바다, 우로 치우치면 얼음 바다인 이 세계에서 낙원을 누리면서 살고 싶다.

그 삶에 에너지가 과도하게 많은 당신을, 때때로 삶에 별다른 의욕이나 의미를 찾지 못하는 당신을 초대하고 싶다.

참고 문헌

1. 조지프 제이콥스, 김차산 역, <영국민담모음집>, 시커뮤니케이션

2. 제임스리, <돈, 세계사를 움직인 은밀한 주인공>, 시커뮤니케이션